Spiritualità 7

MARIO LÓPEZ BARRIO SJ

La Parola nel dinamismo ignaziano

L'ispirazione biblica degli esercizi

Titolo originale: *La palabra en el dinamismo ignaciano*

© 2007 Obra Nacional de la BUENA Prensa, A.C.

© 2015 Pontificio Istituto Biblico
Gregorian & Biblical Press
Piazza della Pilotta 35, 00187 - Roma
www.gbpress.net - books@biblicum.com

Cover: Serena Aureli
Impaginazione: Lisanti Srl - Roma

ISBN 978-88-7839-**304**-2

Con gratitudine,
alla memoria di
Miguel Elizondo Espelosín, S.J.,
vero maestro

PROLOGO

Queste pagine nascono da un corso di spiritualità tenuto all'Università Gregoriana di Roma, prima nel 2004, e poi nel 2006. In seguito all'interesse riscontrato negli studenti, ho deciso di dare un certo ordine al materiale, completarlo e, in vista della pubblicazione, presentarlo in modo più elaborato. In realtà, sono frutto della mia esperienza personale, di quello che è stato un tentativo di percorrere il cammino ignaziano, nel corso di molti anni, una pratica ispirata dall'ascolto della Parola. In fondo, riflettono l'esperienza dello stesso Ignazio. Conservano un carattere di sintesi, illuminata da studi di specialisti, ai quali rimando per l'eventuale approfondimento di qualche tema. Non intendo affatto presentare qui un lavoro scientifico. Aspiro semplicemente a condividere quanto maturato con la riflessione personale sui temi ignaziani centrali, aiutato dalle esperienze e dalle ricerche degli specialisti. Per comprenderli in modo proficuo si presuppone che il lettore abbia fatto gli Esercizi di sant'Ignazio. Nessuna informazione teorica può sostituire l'inestimabile esperienza personale di questo percorso.

L'esperienza di Ignazio è affascinante. E lo è perché lascia trasparire passo dopo passo la luce, il calore e la forza della Parola. È una presenza che lo ha trasformato, perché ha saputo essere umile e docile alla sua azione, materia disponibile a lasciarsi plasmare. La Parola farà lo stesso con noi nella misura in cui la lasciamo agire dentro di noi.

Se ci mettessimo a cercare nelle pagine del libro degli Esercizi le citazioni precise del testo delle Scritture che ispirano questo o quel passo o meditazione, resteremmo delusi. Eccetto il riferimento concreto alle 52 contemplazioni dei misteri della vita di Cristo, non troveremo nessun'altra citazione. Tuttavia, tutto il libro riflette l'esperienza biblica di Ignazio.

La lettura del testo ignaziano ci impressiona per la sua austerità e persino per la sua povertà letteraria. Ma, se lo leggiamo con attenzione, soprattutto dopo aver provato a metterlo in pratica, ci rendiamo conto della profondità e autentica conversione del suo autore.

Chi segue gli Esercizi, percorrendo questo cammino, riproduce l'esperienza del popolo di Israele, ammaestrato dallo stesso Yhwh, che lo condusse dalla schiavitù, passando per la prova limite del deserto, a una terra promessa. Per arrivare al possesso di questa terra dovette superare continue guerre e difficoltà, purificazioni successive che lo prepararono a una conoscenza sempre più sublime del suo Dio liberatore. Alla fine, con la sua fede affinata al crogiuolo di tante prove, sarà pronto per celebrare l'alleanza con il Signore, che non si stanca di chiamarlo a superare la sua continua ribellione. Nonostante la sua ripetuta infedeltà, il popolo è perdonato ripetutamente. Dio continua a cercarlo, semplicemente perché lo ama.

Trovare e mettere il fondamento di tutto in Dio, raggiungere la purificazione del cuore, imparare ad ascoltare la voce del Signore, esercitandosi nel discernimento spirituale, chiedere l'ammissione alla sua «bandiera», ascoltare la sua chiamata e intraprendere il cammino dell'avventura evangelica della sua sequela, mediante la conoscenza interiore e l'amore personale verso di Lui, per accompagnarlo nella sofferenza e celebrare così la vittoria: ecco le tappe che dovrà percorrere chi decide di osare di intraprendere questo percorso. Potrà così riuscire a contemplare Lui, presente e amante in tutte le cose, per potere, a sua volta, amarlo e servirlo in ogni cosa.

Il metodo che seguo in queste pagine consiste nell'intrecciare rimandi al testo ignaziano con riferimenti alla Sacra Scrittura, percorrendo le parti rispettive del libro degli Esercizi Spirituali e cercando di evidenziare come dietro il testo ignaziano si trovi la vena ispiratrice della Bibbia. Presento alcuni punti che ritengo utili, a proposito dell'ermeneutica e dell'antropologia biblica, per illuminare l'ispirazione scritturistica degli Esercizi Spirituali. Offro inoltre informazioni su alcuni scritti del Nuovo Testamento che influenzarono in modo particolare l'esperienza di Ignazio, con il rischio di dare l'impressione di uscire dal tema esplicito degli Esercizi Spirituali. Se mi dilungo su alcuni di essi (per esempio, sui vangeli dell'infanzia), ciò è dovuto al mio interesse personale e alla loro straordinaria ricaduta pastorale.

Prologo

Vorrei aggiungere, all'inizio di questo lavoro, un grato ricordo dei gesuiti che mi iniziarono e accompagnarono, nel corso degli anni, nell'esperienza unica e inestimabile degli Esercizi ignaziani. Veri maestri dello spirito, che mi illuminarono la strada della sequela di Gesù secondo lo stile di Ignazio: Jacobo Blanco, Domingo Orozco, Enrique Ma. del Valle, Gabriel Ochoa, Alejandro Garciadiego e, in modo speciale, Miguel Elizondo. A loro e a tanti altri che consacrano la propria vita al ministero degli Esercizi dedico questo studio[1].

---

[1] In questa edizione italiana si sono adottati alcuni accorgimenti editoriali in vista di una maggior fruibilità dell'opera: i rimandi a passi degli Esercizi Spirituali sono sempre racchiusi tra parentesi quadre, non preceduti da alcuna sigla; le abbreviazioni dei libri biblici seguono il sistema della Bibbia CEI 2008^3; infine, per i riferimenti bibliografici ad altre opere, nelle note si trovano solo gli elementi essenziali che rimandano alla Bibliografia completa finale.

CAPITOLO I

ALCUNE INDICAZIONI FONDAMENTALI

Quando parliamo de «la Parola», ci riferiamo alla Parola di Dio così come ci si offre nella Sacra Scrittura, con i suoi diversi significati: la comunicazione del Dio personale; Gesù Cristo, Parola fatta carne; la storia della salvezza; le parole dei profeti, degli apostoli e degli scrittori sacri in genere.

Rispetto agli Esercizi Spirituali di sant'Ignazio, in che ambito si colloca la Parola? Non in quello dell'attività liturgico-sacramentale della Chiesa, non in quello dell'attività magisteriale, né in quello della predicazione ordinaria catechetica e omiletica, ma nel momento più delicato, quello personale, quando tutto il cammino della Parola arriva al cuore stesso dell'uomo. Proprio questo è il momento su cui si deve concentrare l'attenzione del direttore degli Esercizi Spirituali[1]. Un altro campo è quello della storia della salvezza, il progetto salvifico di Dio per l'umanità. Negli Esercizi Spirituali si cerca di applicare a sé questa storia, per trovare il proprio posto nella Chiesa e nell'umanità, e renderci disponibili al grande progetto di Dio.

Intesa così la Parola, qual è la sua relazione con gli Esercizi Spirituali? Per trovare tale relazione, abbiamo bisogno di un ambiente, proprio quello che offrono gli stessi Esercizi Spirituali, tra le altre cose, di un clima, in cui la Parola si manifesta. Gli Esercizi Spirituali non sono «Parola di Dio», ma l'atmosfera in cui la Parola può manifestarsi. E se la Parola di Dio è la realtà essenziale della vita, gli Esercizi Spirituali aiutano a disporsi a ricevere tale realtà[2], a lasciare che lo Spirito compia la sua opera in noi, in modo particolare la sua principale attività, cioè favorire l'ascolto della Parola.

Tale clima consiste in primo luogo nella povertà di spirito, condizione indispensabile per ascoltare la Parola. Il separarsi dall'ambiente

---

[1] Cfr. C.M. MARTINI, «La Parola di Dio e gli Esercizi spirituali», 4.
[2] C.M. MARTINI, «La Parola di Dio e gli Esercizi spirituali», 5.

ordinario della vita, dove si possono trovare tanti mezzi diversi, per esempio, di studio e consiglio, aiuta a sperimentare la solitudine e il proprio limite. Un altro elemento di questo clima è la testimonianza di vita cristiana, testimonianza comunitaria, silenziosa, di ambiente di fede, che parla con il proprio silenzio, in cui si è manifestata per la prima volta la Scrittura e si è vissuto nella Chiesa.

Affinché la Parola di Dio sia efficace in me è necessario l'atteggiamento fondamentale degli Esercizi Spirituali come attività: prendere coscienza della Parola di Dio come forza attiva in tutte le sue modalità espressive, cioè luce, perdono, legge, giudizio, minaccia... Cosa vuole da me il Signore? A cosa mi invita? Tutte le attività degli Esercizi Spirituali vanno finalizzate a mettermi all'ascolto della Parola di Dio come messaggio che giudica, trasforma, tocca la mia vita.

Tuttavia, la Sacra Scrittura è un oceano dove si possono trovare tante considerazioni. Abbiamo bisogno di una chiave di lettura e di interpretazione. Sant'Ignazio ne trovò una ed è quella che ci propone negli Esercizi Spirituali: la vita, passione, morte e risurrezione di Gesù Cristo. Questo è il centro degli Esercizi Spirituali e della Sacra Scrittura, ed è la scelta che fa Ignazio. Al centro della sua intuizione sta il mistero pasquale. E Cristo non solo nato, morto e risorto, ma soprattutto umile e umiliato. Il Cristo umiliato porta alla scelta dell'umiltà con Cristo.

Questo sembra essere, fin dal principio, l'aspetto che governa sottilmente le meditazioni ignaziane. È una chiave molto ricca, che permette di organizzare una lettura, della Bibbia intera o di ogni sua parte, che scuote l'uomo nel profondo delle sue decisioni, e non lo lascia divagare. Si potrebbero prendere, ovviamente, altre chiavi di lettura, ma per sant'Ignazio la chiave adottata è quella della vita di Cristo, nello svuotarsi dei suoi privilegi, delle sue prerogative divine, per venire incontro a noi nell'umiltà (nella linea di Fil 2,5-11).

Quando parliamo degli Esercizi di sant'Ignazio, ci stiamo riferendo a un'*esperienza*. Non sono, quindi, un corso teorico né un'esposizione dottrinale. Sono, infatti, un'esperienza[3], e un'esperienza *biblica*, perché

---

[3] Come dice R. GARCÍA MATEO, *Ignacio de Loyola*, 240: «gli Esercizi più che un testo, sono l'esperienza personale del suo autore».

sono nati dalla meditazione della Sacra Scrittura. Si può cadere, come in realtà a volte capita, nel pericolo di farne una semplice esperienza di pietà, quando si propongono i punti senza un fondamento scientifico. Oppure, se si enfatizza troppo quest'ultimo aspetto, si scade in un corso teorico-dottrinale. Perciò, per dare agli Esercizi Spirituali la loro giusta espressione, dobbiamo indovinare un'espressione biblica adeguata. Decisivo è, quindi, condurre l'esercitante a contatto con Colui che è l'autore principale della Sacra Scrittura, più che con la parola del direttore. L'importanza di questo punto sta nel fatto che la fede cristiana non si può ridurre a un semplice sentimento religioso personale. Si tratta della rivelazione nella figura storica di Gesù Cristo, nella comunità ecclesiale. Quando parliamo, quindi, della mistica ignaziana, non siamo davanti al prodotto del mero sentimento religioso né di un semplice bisogno psicologico.

L'esperienza di Ignazio è «esperienza di fede cristiana biblica»[4], sebbene la sua santità non appaia, a un primo sguardo, costituita immediatamente dalla realtà biblica. Dobbiamo tenere conto delle varie componenti che entrano in gioco: l'esperienza dello stesso Ignazio, il testo degli Esercizi Spirituali, l'interpretazione di colui che presenta gli Esercizi Spirituali e la situazione vitale dell'esercitante. Inoltre, non si deve «assolutizzare» il testo di Ignazio a scapito dell'esperienza di vita che deve prevalere su ogni letteralismo. Il testo ignaziano è un *paradigma*, un modello di crescita spirituale, ma non si deve praticare davanti ad esso una sottomissione che rende schiavi. Lo stesso Ignazio, negli Esercizi Spirituali al Dr. Ortiz, per presentare i «tre gradi di umiltà», usa un'altra terminologia: «tre gradi di amore e di desiderio di servire Dio». Nadal, nella sua presentazione della meditazione del Regno, parla in termini di «cammino, verità e vita».

Di certo, gli Esercizi Spirituali sono un *ambiente*, come un'atmosfera: ritiro, lasciare ogni altra occupazione, per mettersi a disposizione del Signore, per alcuni giorni, come si esprime nella Annotazione 20. Ma sono anche una *attività*, quella dello Spirito, descritta nella prima Annotazione.

---

[4] Cfr. G. Cusson, *Antropologia Biblica ed Esercizi spirituali*, 7.

La Parola nel dinamismo ignaziano

Per Ignazio, la scoperta esistenziale del Dio misericordioso del Vangelo, che giustifica l'uomo per amore e non per il suo sforzo di purificazione, sul piano dell'ascetica personale, significa una delle esperienze fondamentali della sua crescita spirituale. Senza dubbio l'incontro con Gesù Cristo costituisce, dal punto di vista biografico, il nucleo del processo di conversione di Ignazio. Dobbiamo tenere presente che Ignazio intende la sua esperienza religiosa non come una mera conoscenza della realtà del mistero di Cristo, ma soprattutto come «uno sperimentare in tutta la sua persona in modo così profondo da dargli una sicurezza incrollabile per testimoniare con libertà il messaggio di Cristo»[5].

Per capire l'uso ignaziano della Sacra Scrittura, sarà d'aiuto tenere presente l'orizzonte teologico e storico in cui nacquero gli Esercizi, un orizzonte diverso dal nostro. Rispetto alla tradizione del suo tempo, sant'Ignazio fa una scelta particolare di testi scritturistici, conosciuti negli Esercizi Spirituali come «i misteri della vita di Cristo» [262-312], desunti dalla *Vita di Cristo* di Ludolfo di Sassonia, conosciuto anche come il Certosino[6]. Di fatto, quest'opera costituisce una delle prime fonti dell'opera ignaziana e «il commento più genuino a questa serrata sintesi di citazioni evangeliche con cui Ignazio delinea i misteri della vita di Cristo»[7]. In parallelo con le *Somme Teologiche*, la *Vita Christi* di Ludolfo di Sassonia può essere definita «Somma Evangelica». Si tratta non di una considerazione devozionale della vita di Gesù, ma di un'esposizione di tutto il mistero di Cristo, cioè della storia della sal-

---

[5] R. García Mateo, «Genesi spirituale e testuale degli Esercizi», 41-42.

[6] Il titolo completo di quest'opera è *Vita Iesu Christi e quattuor Evangeliis et scriptoribus orthodoxis concinnata*; fu pubblicata nel 1472. Dopo il Kempis, fu una delle opere che esercitò maggior influsso sulla configurazione della spiritualità del XVI secolo nella penisola iberica. Quella che lesse sant'Ignazio fu la versione castigliana, che era una traduzione di fra Ambrosio Montesinos (Alcalá 1502-1503), autore di spicco nella letteratura del Secolo d'Oro. Una delle caratteristiche di quest'opera è la stretta relazione con la spiritualità e la teologia dei Padri. La persona di Cristo è considerata specialmente nella sua umanità, nei suoi misteri: incarnazione, nascita, infanzia, vita pubblica, passione, morte, risurrezione e ascensione. È un Cristo che s'identifica pienamente con il destino degli uomini, soprattutto attraverso la fragilità della sua infanzia, senza però dimenticare la sua dimensione gloriosa, la sua regalità e la sua relazione con il mistero trinitario.

[7] Come afferma R. García Mateo, *El misterio de la vida de Cristo*, XV.

Alcune indicazioni fondamentali

vezza, seguendo i racconti dei vangeli, con abbondanza di commenti, soprattutto della patristica e della mistica. Di fronte a questa ricchezza di materiale sorprende in modo particolare l'estrema parsimonia dei misteri della vita di Cristo degli Esercizi Spirituali[8]. In sintonia con il suo metodo di «breve e sommaria dichiarazione» [2], esprime molto austeramente, nella maggioranza dei casi con citazioni dei vangeli, soltanto momenti fondamentali di ogni mistero. Così, l'esercitante si sforza nella meditazione per conto suo. Non si tratta di fare una descrizione o spiegazione teologica o letteraria, ma di muovere all'azione.

Tutto un elenco di esempi mostra questa dipendenza di Ignazio da Ludolfo di Sassonia, dove Ignazio si allontana dal testo scritturistico e aderisce a tradizioni non canoniche, come il peccato degli angeli, nella Prima Settimana, all'inizio delle meditazioni sulla storia del peccato [50]; quando parla del «campo damasceno» [51], dei peccati dei primi uomini; forse quando parla del bue e dell'asino, nel racconto di Natale, Ignazio non conosceva la sua probabile provenienza da Is 1,3; la «ancella» di 111 e 114 ha la sua origine nella leggenda; l'identificazione della peccatrice di Lc 7 con «Maddalena» [282]; nella passione si riconosce la tendenza a costruire un'armonia che il testo evangelico con difficoltà sosterebbe (per esempio, il completare con Simone di Cirene: 296); le sette parole di Gesù in croce [293]; la guardia posta al sepolcro [298].

In genere, Ignazio prende dai quattro vangeli canonici i misteri della vita di Gesù. I misteri dell'infanzia [262-272], quelli della passione [289-296], morte, risurrezione e ascensione [297-312] sono una fedele riproduzione combinata di brevi citazioni dei quattro vangeli. Invece, della vita pubblica fa una selezione. Per esempio: gli inizi con il battesimo nel Giordano e le tentazioni sono presi da Matteo; le nozze a Cana e la cacciata dei commercianti dal tempio, da Giovanni. Sorprende il fatto che non proponga nessuna parabola né alcun miracolo di guarigione, benché nell'invio degli apostoli si dica che «dà loro potere di cacciare i demoni dai corpi umani e curare tutte le infermità» [281,1]. «Gli Esercizi di sant'Ignazio – dice Alonso Schökel – sostanzialmente sono un aprire e contemplare i vangeli»[9].

---

[8] *Ibid.*, XXXI.
[9] L. Alonso Schökel, «La Palabra de Dios en la "Dei Verbum"», 13-14/1.

I misteri della vita di Cristo terminano negli Esercizi Spirituali con l'ascensione, ma uniscono quest'ultimo mistero di Cristo alla Pentecoste [312]. Così si lascia intendere con chiarezza che lo Spirito Santo non si può separare dal mistero di Cristo, ma va unito fin dal principio al mistero trinitario, secondo quanto si espone nella contemplazione dell'incarnazione [101-108]. Non dobbiamo però dimenticare che nemmeno i vangeli dedicano un passaggio particolare alla Pentecoste. Lo fa soltanto Luca, ma nel libro degli Atti (2,1-13).

Il congedo del Risorto si presenta negli Esercizi Spirituali sotto forma di missione, come si dice nella nona apparizione [307], con la citazione di Mt 28,16-20: «Li mandò per tutto il mondo a predicare dicendo: "Andate e insegnate a tutte le genti, battezzandole nel nome del Padre e del Figlio e dello Spirito Santo"». L'esaltazione di Gesù, invece di esimere i discepoli, li invita a prendere sul serio la sequela di Cristo, come leggiamo all'inizio della Seconda Settimana nella meditazione del «Re eterno», che è quella che offre la cornice cristologica fondamentale degli Esercizi Spirituali [95].

Rispetto all'uso del tempo, il vangelo di Matteo gode una notevole preferenza. Nella narrazione dell'infanzia, è completato con il vangelo di Luca; e nella vita pubblica di Gesù e la sua passione, con Marco [271, 290-291, 293, 295], Luca [274-275, 282, 288, 290-291, 293, 295] e Giovanni [276-277, 285, 289, 295-298], dove si offrono queste aggiunte. Nella Quarta Settimana, oltre ai quattro vangeli, Ignazio include anche gli Atti degli Apostoli e la Prima lettera ai Corinzi [308-309, 311], e si fonda sull'opera medievale conosciuta come *Legenda Aurea*[10] per l'apparizione a Giuseppe di Arimatea [308-309, 311]. Dunque, il peso dei vangeli supera chiaramente quello degli altri testi[11].

Attualmente, si assiste a un certo interesse nello studiare come sono nati i testi proposti alla meditazione in quest'opera ignaziana, come sono stati trasmessi, qual è la natura e la portata di questa tra-

---

[10] È la più celebre raccolta di leggende devote intorno ai santi. Il suo autore fu Jacopo da Varazze (in latino Jacobus de Voragine; Varazze 1230 – Genova 1298), agiografo domenicano italiano; fu vescovo di Genova tra il 1292 e il 1298.

[11] Per completare questa informazione, si può consultare il lavoro di J. BEUTLER, «Die Rolle der Heiligen Schrift».

smissione[12]. Ma si deve fare attenzione a evitare discussioni tecniche con gli esercitanti. Non si tratta di proporre loro esegesi audaci o spiegazioni alla moda, ma di offrire loro spiegazioni ben fondate, sobrie e scientificamente valide. In vista di ciò, il direttore dovrà essere un buon conoscitore della Sacra Scrittura e dei progressi dell'esegesi contemporanea. Non basteranno nozioni generali, che si limitino a proporre visioni superficiali, che non contribuiscono molto alla sicurezza e tranquillità degli esercitanti.

L'atteggiamento del direttore degli Esercizi Spirituali, al momento di accostarsi a un testo biblico, è diverso da quello dell'esegeta: il punto di partenza del primo è semplicemente l'accettazione del libro della Sacra Scrittura come Parola ispirata. Partendo da questa base, tenta di offrire una spiegazione della fede, approfondire la Parola, cercando di renderla un'esperienza nell'esercitante, tenendo conto della sua situazione esistenziale. Invece, quello dell'esegeta è diverso. Il suo interesse, più che sulla comunicabilità dei testi ad altri individui, si concentra sul valore intrinseco dei testi di fronte alle affermazioni di fede, cercando di contrastare e costruire.

Il movimento biblico, sorto nella Chiesa dopo il Concilio Vaticano II, ha costituito uno degli elementi principali che hanno esercitato maggiore influsso sul rinnovamento attuale degli Esercizi Spirituali. In questi ultimi anni sono apparsi molti studi (articoli, libri, conferenze) su temi collegati agli Esercizi Spirituali e alla Sacra Scrittura.

In questi studi, tuttavia, notiamo tendenze diverse. Non per il semplice fatto di citare la Scrittura, con riferimento a qualche meditazione, si sta sulla strada giusta. Si può manipolare la Scrittura e riferirsi ad essa semplicemente come a un arsenale di testi che servono per «rafforzare» il proposito della meditazione ignaziana. Oppure si può esagerare nell'esposizione di tecniche esegetiche, senza considerare a sufficienza la dinamica propria degli Esercizi Spirituali. Non si tratta di «servirsi» della Scrittura per il fine degli Esercizi Spirituali[13]. Si ca-

---

[12] Cfr. R.B. BROWN, *Introduzione al Nuovo Testamento*; J.L. SICRE, «Entender y exponer un texto», 604-613.
[13] Su questa tematica raccomando lo studio di M. COSTA, «La Parola di Dio negli Esercizi Spirituali».

drebbe in una strumentalizzazione della Sacra Scrittura con un preteso obiettivo a favore degli Esercizi Spirituali. Si cerca, quindi, di facilitare all'esercitante il contatto personale con la Parola del Signore, vivo ed efficace, affinché possa vivere l'esperienza della sua irruzione nella sua storia personale.

Rispetto all'aggiornamento degli Esercizi Spirituali, a qualcuno sembra difficile conciliare la contemplazione ignaziana con la mentalità contemporanea, riflessiva e critica, e con i metodi e i risultati dell'esegesi moderna. A prima vista la difficoltà è reale, non solo per i diversi atteggiamenti rispetto alla storia evangelica, ma anche per la libertà che Ignazio sembra offrire all'immaginazione e ai sensi spirituali.

Continua a sorprendere la sobrietà di sant'Ignazio nelle indicazioni che offre per meditare le scene evangeliche. La sua discrezione è estrema. Non presenta descrizioni né abbellimenti o informazioni accessorie. Va direttamente ai dati essenziali del Vangelo. Espone ciò che è centrale dell'evento, e via. Tuttavia, non si può dire che ci siano contraddizioni con l'esegesi moderna. Le sue osservazioni, benché cariche di pietà medievale (per esempio: «considerare come la divinità si nasconde e come lascia soffrire la santissima umanità tanto crudelissimamente» [196]; «considerare come la divinità, che sembrava nascondersi nella passione, appare e si manifesta ora così miracolosamente nella santissima risurrezione, attraverso i suoi veri e santissimi effetti» [223]) sono note di teologia biblica autentica, che riflettono la kenosi paolina, prima (Fil 2,5-8), che cambia radicalmente, poi, nella risurrezione, contemplata nella Quarta Settimana.

La contemplazione ignaziana può avere benefici dall'esegesi moderna, nella misura in cui quest'ultima aiuta a scoprire nelle narrazioni evangeliche il messaggio e il cuore di ciò che è la vera «contemplazione», che trova la sua ispirazione nel mistero di salvezza. Di fatto, questo aiuto consiste nell'illuminarci, per vedere l'evento evangelico come lo videro i suoi autori, al momento di trasmetterlo alla comunità cristiana.

Quando si parla di «contemplazione», negli Esercizi Spirituali come in Ludolfo di Sassonia, nel senso di preghiera metodica, non si tratta dell'esperienza mistica, ma di una forma di meditazione più intuitiva che discorsiva, nella quale gli affetti, i sensi spirituali e i sentimenti hanno una funzione principale, e sono aiutati dall'immaginazione[14].

In realtà, ogni uso che facciamo dei testi biblici deve sempre tenere conto della duplice realtà della Sacra Scrittura: è Parola di Dio e, al tempo stesso, parola umana[15]. Si tratta della Parola di Dio incarnata in linguaggio umano, per essere umani, benché non si debba dimenticare che è ispirata dallo Spirito Santo.

Per ovviare alle difficoltà che possono sorgere, rispetto all'uso della Sacra Scrittura nella pedagogia degli Esercizi, sarà d'aiuto segnalare alcune differenze dell'esegesi moderna rispetto a quella tradizionale. Se esaminiamo il metodo degli autori che influenzarono sant'Ignazio, troviamo che, per loro, le narrazioni bibliche trasmesse dagli autori sacri erano viste soprattutto come descrizioni dei fatti accaduti. Il loro fondamento ultimo stava nei fatti storici, non nei miti, imprecisi rispetto al modo di concepire tali descrizioni.

Di fronte alle differenze tra le narrazioni dei differenti vangeli, l'esegesi tradizionale cercava soluzioni concordiste, che puntavano ad armonizzare i testi diversi. Secondo questa soluzione, un testo integrerebbe l'altro; così l'insieme dei quattro vangeli darebbe una visione più completa del fatto in questione. L'esegesi moderna, invece, cerca la spiegazione a queste differenze determinando il genere letterario, il fine o intenzione dell'autore in ogni vangelo, la sua origine, confrontandolo con la letteratura biblica o extrabiblica affine. In nessun modo si nega o disprezza la storicità dei vangeli, ma essa è affrontata a partire dalla storiografia a cui appartengono gli autori sacri, che non si identifica con la storiografia greca o con la storiografia scientifica di oggi, perché è di natura diversa, posta al servizio dell'annuncio di Cristo, cosa che le conferisce un carattere kerigmatico. Così non possiamo adottare come criteri per leggere i vangeli quelli della storia moderna, ma dobbiamo rispettare i criteri e il fine proprio dell'autore sacro (cfr. *Dei Verbum* 12-13).

---

[14] Cfr. R. García Mateo, *El misterio de la vida de Cristo*, 3, nota 1.
[15] Cfr. C.W. Pires, «L'uso della Sacra Scrittura negli Esercizi».

Un'altra differenza tra l'esegesi passata e quella contemporanea si trova nel concetto di *ispirazione*: la sosteneva una visione meccanica o verticale della stessa, che concedeva scarso valore all'elemento umano, nella redazione dei testi sacri e al carattere storico e progressivo della rivelazione. Per gli ebrei, come per la Chiesa, l'ispirazione della Sacra Scrittura fu sempre un dogma di fede[16]. Il problema sta non nell'accettazione dell'ispirazione, ma nel modo di concepire l'azione dello Spirito Santo nella redazione dei libri sacri. Se si accentua troppo la passività dello scrittore, dovremmo accettare che i testi sacri sarebbero il frutto di un dettato. Nell'epoca moderna, con la *Dei Verbum*, si accetta che gli scrittori sacri siano co-autori:

> per la composizione dei libri sacri, Dio scelse e si servì di uomini nel possesso delle loro facoltà e capacità, affinché, agendo egli in essi e per loro mezzo, scrivessero come veri autori, tutte e soltanto quelle cose che egli voleva fossero scritte (*Dei Verbum* 11).

Se, dunque, teniamo presente l'intervento attivo, personale e responsabile degli autori umani dei testi biblici, dobbiamo considerare l'intenzione che ebbero al momento di scriverli, nonché il contesto in cui nacquero gli scritti biblici. Sebbene il nostro sforzo di comprensione si diriga a cercare dettagli storici e informazioni scientifiche, non può limitarsi soltanto a un'interpretazione del testo, trascurando «la verità che Dio, per la nostra salvezza, volle fosse consegnata nelle sacre Scritture» (*Dei Verbum* 11).

Una terza differenza: la questione del Gesù storico e del Cristo della fede, che ovviamente non si esprimeva in questi termini, nell'esegesi tradizionale. Si tratterebbe di determinare ciò che è materiale storico nei

---

[16] Così gli ebrei hanno i loro «libri sacri», che sono il complesso formato dalla Legge, dai Profeti e dagli Scritti. San Paolo e san Pietro ci danno i testi classici sull'ispirazione: «Tutta la Scrittura è ispirata da Dio» (2Tm 3,14); «Nessuna scrittura profetica va soggetta a privata spiegazione, poiché non da volontà umana è mai venuta una profezia, ma mossi da Spirito Santo parlarono alcuni uomini da parte di Dio» (2Pt 1,21). Abbiamo anche la testimonianza dei santi Padri, che affermano che Dio è l'autore della Sacra Scrittura e l'agiografo è lo strumento di Dio. Nei secoli la Chiesa ha manifestato la sua fede in questa verità, in diversi documenti e concili, per esempio, nella Costituzione *Dei Verbum* (11-13) del Concilio Vaticano II.

Alcune indicazioni fondamentali

racconti su Gesù e ciò che appartiene alla fede post-pasquale. Ovviamente negli esercizi di contemplazione questo punto non è centrale, perché non si tratta di indagare su questo materiale, ma di trovare il suo senso nella rivelazione. Sarà compito del direttore fare previamente queste distinzioni, per esporre la materia nel modo più adeguato possibile.

Non si può obiettare che la prospettiva storica delle contemplazioni degli Esercizi Spirituali trovi opposizione nella prospettiva pasquale dei vangeli. Non dimentichiamo che il Cristo delle contemplazioni ignaziane è il Cristo del Regno, il Cristo considerato nella prospettiva del mistero pasquale. L'esegesi moderna aiuta l'esercitante a cogliere l'unità delle diverse contemplazioni, sottolineando il rapporto di tutta la vita di Cristo con il mistero pasquale.

Se «la contemplazione ignaziana non è un esercizio dell'immaginazione, ma un accogliere la Parola di Dio, ascoltarla, dialogare con Lui, attenzione alla sua presenza e scoperta del suo amore»[17], allora si capisce da dove deriva l'efficacia degli Esercizi Spirituali, sulla base di quanto diceva Nadal: «Efficaciam illam habent (Exercitia), quia docent modum praeparandi se ad suscipiendum verbum Dei et Evangelium»[18]. E come dice Alonso Schökel: «L'efficacia prima degli Esercizi sta non tanto nella tattica psicologica di sant'Ignazio, quanto nella forza intrinseca della Parola ispirata e contemplata»[19].

Naturalmente l'esegesi, con tutti i suoi metodi, dev'essere soltanto un aiuto. In nessun modo una camicia di forza. Dovrebbe facilitare la comprensione del testo, per assaporarlo nella libertà dello spirito, rispettosa del dialogo che il Signore stabilisce nell'intimità con i suoi figli. Naturalmente nel direttore si presuppone una formazione scritturistica solida, al fine di rendere possibile questo aiuto esegetico, che può essere tanto ricco e ispiratore. La superficialità nel modo di citare i testi biblici, mal spiegati e peggio applicati, non sarà di grande aiuto. Detto diversamente, come il direttore orienterà l'esercitante nella preghiera con la Bibbia?

---

[17] D. Mollat, «Uso de la Sagrada Escritura en los Ejercicios», 216.
[18] «Hanno tale efficacia [gli Esercizi], perché insegnano il modo di prepararsi a ricevere la Parola di Dio e il Vangelo» (MHSI, Mon Nadal V, 988).
[19] L. Alonso Schökel, «La Palabra de Dios en la "Dei Verbum"», 13-14/2.

Già Pio XII, nella *Divino afflante Spiritu* (1943), insisteva sullo sforzo per cogliere ciò che l'autore sacro aveva voluto dire (significato letterale), come «suprema norma d'interpretare». E la costituzione *Dei Verbum* esorta a che tutti, «soprattutto i religiosi», devono «accostarsi volentieri al sacro testo» (25).

I primi secoli del cristianesimo, praticamente fino alla fine del medioevo, considerarono un «tutto organico» la teologia, la spiritualità e la pastorale. Con l'arrivo della teologia sistematica, questo aggregato cominciò a scomporsi. Poco a poco si sviluppò un'esegesi critica, processo che si completò nell'epoca moderna. Fino all'epoca medievale, la teologia si concentrava non solo sull'interpretazione della Sacra Scrittura, ma soprattutto sul modo di comprenderne i diversi significati. La teologia era esegesi ed ermeneutica[20]. Con l'arrivo del rinascimento e l'umanesimo dei tempi moderni, l'esegesi e la teologia persero la loro stretta relazione. Purtroppo, la predicazione trascurò, spesso, l'esegesi e la dogmatica, e adottò un carattere moraleggiante e sentimentale[21]. Poco a poco, con il desiderio di tornare alle fonti, promosso dal Concilio Vaticano II, l'esegesi moderna si è sempre più integrata in modo organico nella totalità della vita cristiana. La pratica medievale dell'interpretazione letterario-spirituale della Sacra Scrittura entrò in crisi, e provocò, come reazione, l'affermazione dell'esegesi storico-critica.

Il riferimento frequente ai metodi biblici, antichi e moderni, e l'interpretazione dei testi ispirati, porta necessariamente nel campo dell'ermeneutica biblica. Il presente lavoro non si prefigge di mettersi su questa strada. Tuttavia, mi pare conveniente offrire alcune piste, specialmente per quanti, con un interesse vivo per gli Esercizi Spirituali, hanno una conoscenza scarsa degli elementi ermeneutici fondamentali (rimando, a mo' di complemento, all'Appendice 1 di questo lavoro).

1. La Scrittura, norma dell'esperienza religiosa

La Bibbia, mentre può creare un'esperienza religiosa cristiana valida, è anche un criterio effettivo per valutare l'esperienza religiosa che pos-

---

[20] Cfr. H. DE LUBAC, *Esegesi medievale*.
[21] Cfr. G. ZEVINI, «La lettura della Bibbia nello Spirito», 132.

siamo vivere. La Sacra Scrittura lancia un appello a tutto l'uomo, non solo alla sua intelligenza, ma anche alla sua immaginazione e alla sua vita emotiva. Dovrebbe, infatti, coinvolgere tutta la persona, come la contemplazione ignaziana, e portarla a convertirsi, a darsi al Signore. Il fine del discorso ignaziano – come quello di ogni preghiera cristiana – è provocare il dono personale di sé al Signore e all'opera del suo Regno.

La Sacra Scrittura, come Parola di Dio, mi si presenta come un imperativo divino che chiede la mia filiale sottomissione e accettazione. In questo processo di intercomunicazione personale dobbiamo avvertire la tendenza della Sacra Scrittura a presentare come attuali i fatti del passato. È lo sforzo degli scrittori sacri per restare in relazione con l'uomo contemporaneo di ogni epoca. Nei vangeli, per esempio, troviamo la perenne attualità delle parole di Gesù, specialmente quando il Vangelo è proclamato nella liturgia. D'altro canto, da parte del lettore, deve esserci lo sforzo di collocarsi nell'ambiente sociale, culturale, politico, storico del passato. Possiamo però dire che la suprema norma per giudicare l'autenticità di un'esperienza religiosa si trova nel comandamento dell'amore, dal momento che *tutta la vita cristiana si riassume nel comandamento di Gesù*: «*Amatevi gli uni gli altri, come io ho amato voi*» (Gv 13,34; cfr. Rm 13,8-10; Gal 5,14).

2. L'antropologia biblica

Per un approccio ermeneutico, ci può illuminare l'antropologia biblica. Ecco alcune delle sue caratteristiche:

2.1. La *dimensione esperienziale* – Si concentra sull'aspetto fenomenologico. Nella Bibbia, invece di privilegiare le teorie, dottrine o filosofie, ciò che predomina è l'esperienza vissuta, che è interiore, e che coinvolge liberamente le persone. Benché le realtà siano esterne, visibili e forti (per esempio, le teofanie), esse sono vissute e valutate a partire dall'interiorità. Dio si rivela progressivamente a chi lo cerca, attraverso la maturazione di esperienze. L'antropologia biblica ci invita a una rilettura delle esperienze vissute dalla comunità di Israele, nella sua povertà, debolezza, dolore ed eroismo.

2.2. La *presa di coscienza* – È il frutto di un cammino, spesso lungo e disseminato di spine. Un contenuto di questa *presa di coscienza* è la *prospet-*

tiva del futuro: tutto sta avanti. Avere preso coscienza dell'esperienza religiosa di Israele impegna fondamentalmente verso il futuro. La riflessione di Israele sulla sua storia ha permesso di comprendere quanto Israele era fragile e peccatore. Così, il popolo ebraico, avendo riconosciuto il suo peccato, si sente solidale con il male nel mondo, ed è rivolto verso un avvenire che sta per compiersi, e che gli dà tutto un significato per vivere il presente, e per viverlo a fondo.

2.3. *Le esigenze di rinnovamento* – Si sente l'esigenza di una rottura con il passato: attraverso le vicissitudini della vita, Dio attira. Bisogna «partire», «lasciare indietro». Ma, una volta accettata la partenza, già sulla strada del futuro promettente, l'avvenire stesso è messo in discussione. La fede perde le sue sicurezze, avvolta nel mistero, nell'oscurità. La nuova situazione esige che si abbandonino le proprie sicurezze; esige fiducia in questo Sconosciuto che promette, ma che anche scompare. Ciò che fonda la speranza in questo difficile cammino è il tipo di esperienza dell'incontro con il Dio vivo. Lui solo è la ragione prima e ultima di questi itinerari, di quello individuale e di quello complessivo del popolo che avanza, attraversando molte morti, ma andando sempre verso la vita.

2.4. *L'esperienza di una trascendenza* – La coscienza più profonda di Israele, al momento di essere strappato dalle tenebre di una coscienza moralistica e infedele (idolatrie, rotture dell'alleanza), cresce verso l'apice della trascendenza, che illumina e trasfigura le realtà vissute. Ciò che è specifico dell'antropologia biblica è un'esperienza progressiva del Dio trascendente, che modifica profondamente il senso delle realtà terrene vissute dall'uomo. L'esperienza della trascendenza di Dio, lungi dal separarmi dal creato e da ciò che è umano, proietta sulla creazione una luce magnifica che aiuta a chiarirne il senso. E, come direbbe Abraham J. Heschel: «La Bibbia non è la teologia dell'uomo, ma l'antropologia di Dio. Si occupa più dell'uomo e di quello che Dio gli chiede, che della natura di Dio»[22].

---

[22] A. Heschel, *L'uomo non è solo*, 135.

Alcune indicazioni fondamentali

L'uomo, dunque, secondo la prospettiva della Bibbia:

- Deve essere *uno*, contro la visione dualista dell'essere umano. Benché sia composto (*bāsār*, la carne; *nefeš*, la carne vivente, animata; e *ruaḥ*, lo spirito di Dio che lo anima), è un'unità.
- È *immagine di Dio*.
- È un *essere di relazione*.

La trasmissione del messaggio rivelato ci pone di fronte al problema dell'*espressione*: come adeguare significativamente la fede e il linguaggio che la esprimono? Non si tratta soltanto di trovare un'*espressione corretta*, ma anche la sua *comunicazione*. Dal punto di vista dell'antropologia biblica, si fa sempre più attenzione al *linguaggio visualizzato dell'interiorizzazione* delle esperienze narrate. Il nostro spirito occidentale, più razionale e discorsivo, oppone spontaneamente resistenza e fa difficoltà. Dobbiamo però essere consapevoli che, dal punto di vista antropologico, la lettura della Bibbia ci permette di muoverci su una linea esperienziale. L'antropologia biblica si colloca nell'ambito del vissuto, in cui la *fede* dei protagonisti riconosce l'intervento divino chiamato *rivelazione*.

Le esperienze degli Israeliti furono espresse in un linguaggio orientale visualizzato in termini di «meraviglie». I credenti della Bibbia, nel profondo di un cammino (di cui le esperienze di «migrazione» e di «schiavitù», di «esodo» e di «esilio», al pari dei Canti del Servo e della passione di Cristo), si convincono sempre più del fatto che è esclusa ogni apparente facilità. Ciò che privilegia e ci rivela l'approccio antropologico degli studi biblici è proprio questo *linguaggio esperienziale*. Per esempio, la Bibbia presenta non una *storia*, ma una *teologia* del peccato originale. Abbiamo già detto che il pensiero orientale, meno discorsivo, ricorre più facilmente al linguaggio visualizzato, immaginativo, simbolico, per esprimere le realtà più nascoste. Questo linguaggio dell'immagine e del simbolo assume una funzione corrispondente quando il pensiero reca un messaggio universalizzato, una realtà universale, come nel caso dei primi undici capitoli di Genesi.

CAPITOLO II

RELAZIONE TRA LA BIBBIA E GLI ESERCIZI IN GENERALE

Tenendo presenti questi dati e in modo ancora generale possiamo anticipare quanto segue:
La testimonianza di Egidio Foscarari, il domenicano incaricato da Papa Paolo III, nel 1548, di dare un giudizio sugli Esercizi, è molto eloquente: «Questi Esercizi Spirituali sono nati, senza alcun dubbio, dalla conoscenza della Sacra Scrittura e da una lunga esperienza delle cose dello spirito».

L'armonia che troviamo tra gli Esercizi Spirituali e la Bibbia, che è profonda, si trova nella struttura stessa degli Esercizi Spirituali. Possiamo stabilire una *consonanza* tra la Bibbia e il libro degli Esercizi[1]:

1. Coincidono sul tema del piano di Dio, che ha cercato di comunicarsi alla sua creatura in un'alleanza d'amore. Tanto nella Bibbia come negli Esercizi si osserva una pedagogia nell'esercizio progressivo della fede e della libertà religiosa.
2. Troviamo in entrambi gli atteggiamenti religiosi fondamentali: adorazione, lode e servizio davanti a Dio; senso profondo del Dio vivente, senso del peccato e del perdono, speranza del Redentore e della redenzione, conversione del cuore.
3. Troviamo in entrambi la scelta che Dio realizza, e che si arriva a conoscere tramite il discernimento degli spiriti. Il popolo eletto, al pari dell'esercitante, deve confermare la sua scelta. Le diverse scelte sono collegate, ordinariamente, con tentazioni o prove di fedeltà. Bisogna discernere tra la voce divina e la voce dell'avversario, ambedue misteriose. E l'uomo deve discernere, in mezzo al mistero. Ha bisogno della luce dello Spirito, per indovinare, perché sta in mezzo al-

---

[1] Cfr. C. Espinosa, *Los Ejercicios de san Ignacio a la luz del Vaticano II*, 243-244.

l'oscurità del Dio invisibile, che lo chiama; quella di Satana, che deforma la realtà, imbroglia e confonde; e la propria, che lo rende incapace di vedere con chiarezza nel proprio cuore.

Dobbiamo tenere ben presente che i contenuti degli esercizi che si propongono di fare quotidianamente, nel corso degli Esercizi Spirituali, siano quattro o cinque, sono tutti biblici ed evangelici, anche quelli che non lo sembrano, come l'esercizio della Prima Settimana sui peccati personali [55-61], quello dei Binari [149-157] e la contemplazione per raggiungere l'amore [230-237][2]. Lo stesso discernimento sulle esperienze interiori viene chiamato in causa nella misura in cui quest'ultime sono illuminate dalla Parola di Dio, letta, meditata e pregata lungo il giorno.

Gli esperti hanno seguito diversi metodi per utilizzare questa consonanza tra la Bibbia e gli Esercizi, che possiamo dividere in tre gruppi:

1. Sostituire le grandi meditazioni degli Esercizi con la loro prospettiva scritturistica.
2. Seguire, durante i giorni del ritiro, un tema biblico, come filo conduttore, che unisce tra loro le grandi meditazioni.
3. Con gruppi o persone che fanno spesso gli Esercizi: prendere un libro del Nuovo Testamento e spiegarlo nelle sue grandi linee, seguendo la trama degli Esercizi. Con questo metodo, chi tiene gli Esercizi deve solo aprire la Scrittura agli esercitanti, senza esporre idee personali o teorie. «Semplicemente spezza loro il pane della Scrittura»[3]. Non sembra, quindi, giusto il metodo seguito da direttori inesperti, di offrire indistintamente testi biblici, per fare gli Esercizi, a persone poco dotate di una conoscenza della Sacra Scrittura e poco avvezze a usarla. Si può ottenere con loro, senza dubbio, un'esperienza di ritiro di preghiera, ma non precisamente quella degli Esercizi di sant'Ignazio.

---

[2] Cfr. F. ROSSI DE GASPERIS, «Ejercicios Espirituales para entrar en el itinerario de la fe biblica», 70.

[3] Cfr. C. ESPINOSA, *Los Ejercicios de san Ignacio a la luz del Vaticano II*, 243.

Tra gli esperti a cui pensiamo ci sono i gesuiti David Stanley (*A Modern Scriptural Approach to the Spiritual Exercises*), G. Cusson (varie opere), Card. C.M. Martini (numerosissime pubblicazioni), Jean Laplace (varie opere), Ch. Bernard (*Pour mieux donner les Exercises Ignatiennes*), P. Van Breemen (varie opere), P. Bovati (varie opere, in elaborazione), G. Ochoa Gómez (*La Escritura al ritmo de los Ejercicios*), F. Rossi de Gasperis, che espone il suo metodo nella conferenza «Ejercicios Espirituales para entrar en el itinerario de la fe bíblica». Più molti altri professionisti nel campo della Bibbia, teologia e spiritualità, che hanno contribuito con articoli e conferenze, in congressi e riunioni di studio sugli Esercizi. Citarli qui sarebbe troppo lungo.

Ad avviso di questi esperti (concretamente del Card. Martini), l'adattamento degli Esercizi Spirituali seguendo un programma biblico speciale, per esempio un autore, è conveniente farlo soltanto con persone che hanno già fatto un'esperienza autentica degli Esercizi Spirituali. Non è consigliabile, per esempio, per quanti fanno per la prima volta il mese di Esercizi. Questo metodo può risultare utile, tuttavia, per quelli che ripetono gli Esercizi Spirituali. Se uno conosce bene la Sacra Scrittura, può fare una *trasposizione tematica* degli Esercizi Spirituali con temi biblici (come ha fatto lo stesso Card. Martini), prendendo le grandi meditazioni ignaziane – una per una – e dare, per ognuna, una serie di testi biblici con i quali possano essere riformulate.

È sorprendente scoprire che gli Esercizi sono il Vangelo stesso. Perciò, la migliore preparazione per dare gli Esercizi non è quella degli schemi prefabbricati, ma quella di leggere e rileggere il Vangelo, come dice il Card. Martini:

> Mi sembra che la migliore preparazione sia quella di leggersi e rileggersi il Vangelo, finché non si sia trovato qualcosa che lo faccia accogliere come esperienza dinamica che ci parla. Allora è possibile, a partire da ciò, fargli varie trasposizioni, aspettando che, in un modo o nell'altro, l'esercitante possa accogliere ciò che noi abbiamo sperimentato e, quindi, possa viverlo di nuovo[4].

---

[4] C.M. Martini, «Gli Esercizi Ignaziani e i Vangeli Sinottici», 33.

Non si tratta di sottovalutare l'esperienza di sant'Ignazio, ma di sottometterla a quella che è l'esperienza fondamentale, cioè la forza della Parola di Dio che agisce nel credente e «che è l'unica forza di salvezza, il cui itinerario dobbiamo semplicemente seguire e di cui dobbiamo rendere consapevole l'esercitante, affinché possa diventare maggiormente disponibile allo Spirito»[5]. Ciò che dà agli Esercizi tutta la loro forza è proprio avere trovato la pedagogia di Cristo, la pedagogia della fede, la scoperta del Messia, l'adesione a questo Messia, che è quello che Dio ha inviato, il Figlio di Dio. Lo stesso Martini, a proposito dell'uso della Sacra Scrittura negli Esercizi Spirituali, suggerisce: 1) di non dare troppi testi biblici, così da saturare l'esercitante; 2) di avvicinarsi al testo in sé stesso, senza eccessive spiegazioni, ma con un commento breve. C'è bisogno dell'ascetica di rinunciare a dire troppo; 3) «più memoria che lettura»[6]. Quello che può essere utile in altri momenti, per esempio, in una catechesi, non lo è nel momento degli Esercizi Spirituali. È importante che l'esercitante assimili e rifletta sul testo con una certa povertà e austerità, per lasciare che il testo stesso gli parli. È necessario vincere la tentazione di andare a leggere e consultare. Non è il momento.

Mi sembra interessante l'esperienza di F. Rossi de Gasperis, che ha dato gli Esercizi di trenta giorni nel corso di molti anni[7]: data la povertà della teologia in cui vivono grandi settori di fedeli (compresi sacerdoti, religiosi e religiose), che deriva da una «catechesi pallida e insipida», lontana dalla rivelazione divina, la proposta dei «Punti» non può riposare semplicemente sull'indicazione, una volta al giorno, di alcune citazioni bibliche che l'esercitante deve leggere per conto proprio, per preparare e fare la preghiera. È quindi necessaria un'accurata e fedele *narrazione della storia*, con alla base la Parola di Dio.

Dopo molti tentativi di integrare la Bibbia negli Esercizi, ha finito per integrare gli Esercizi nella Bibbia[8]. Per questo autore, la Scrittura potrebbe essere definita *Esercizi Spirituali proposti da Dio al suo popolo*:

---

[5] *Ibid.*, 33.
[6] Cfr. C.M. MARTINI, «La Parola di Dio e gli Esercizi spirituali», 8.
[7] F. ROSSI DE GASPERIS, «Ejercicios espirituales para entrar», 70-73.
[8] *Ibid.*, 74.

Israele-Chiesa. Quello che ha fatto Ignazio è personalizzare questo itinerario di salvezza proposto da Dio a tutti i credenti, e metterlo alla portata della coscienza di ogni esercitante.

Tra la Bibbia e gli Esercizi non esistono soltanto, né principalmente, i contatti dei *materiali*. Ciò che più conta ed è d'importanza decisiva è l'isomorfismo *formale* dell'itinerario; la progressività del cammino attraverso tappe scandite dallo Spirito stesso [cfr. 265]; l'omogeneità tra il punto culminante – Gesù Signore e Messia – della storia divina disegnata nella storia umana, e quello della storia scritta da Dio nella storia di ogni esercitante [91-98]; la consonanza tra i criteri dell'economia salvifica del mondo intero e quella della sequela di Gesù proposta a ogni discepolo in concreto [136-147][9].

Questo autore segue come metodo quello della *Lectio divina* (*lectio, meditatio, oratio, contemplatio*): una lettura cristiana delle Scritture, ispirata a quella fatta dal Risorto ai discepoli sulla strada per Emmaus (Lc 24,13-35) o agli Undici la sera di Pasqua (Lc 24,44-49). Propone il testo biblico fondendo in uno i tre significati originali della Scrittura: *letterale* (che concerne Israele o la generazione di Gesù), *ecclesiale* (che concerne tutta la Chiesa del Nuovo Testamento) e *personale* (che concerne tutti i fedeli). Più che un'esposizione magisteriale o sistematica, questa *Lectio-meditatio* si lascia guidare dall'*esperienza esistenziale*, e comporta in modo facile e spontaneo un'*attualizzazione*. In questa *Lectio-meditatio* «si rende presente tutta la memoria del passato dell'economia di Dio e della mia storia spirituale; s'illumina l'esigenza di vivere fino in fondo il presente che ci è dato; si orientano ogni speranza e ogni aspirazione verso il Signore Gesù, che viene: *Marana' tha!*»[10].

Tra gli esperimenti compiuti, nel dare gli Esercizi con l'aiuto della Sacra Scrittura, conviene ricordarne, dalle origini della Compagnia di Gesù, due degni di grande nota:

---

[9] F. Rossi de Gasperis, «Ejercicios espirituales para entrar», 75.
[10] *Ibid.*, 78.

1) Il cosiddetto *Textus Helyar*[11], manoscritto che risale al tempo degli studi di Ignazio e dei suoi primi compagni. Rappresenta uno dei primi e più completi «adattamenti» del testo ignaziano degli Esercizi Spirituali. In realtà, è il testo più antico che si conserva degli Esercizi. Questo gli conferisce un valore straordinario[12]. John Helyar era un sacerdote inglese, umanista, che fece gli Esercizi a Parigi, tra il 1535 e il 1536, sotto la guida di sant'Ignazio o, più probabilmente, di Pietro Favre, uno dei primi compagni che, secondo lo stesso Ignazio, era quello che dava meglio gli Esercizi Spirituali.

La copia fu trovata in un quaderno di note personali di Helyar. Vi si trova la struttura di base e gli elementi fondamentali degli Esercizi Spirituali, sebbene la maggior parte di essi con un contenuto più breve e in un ordine diverso. È interessante una parte inserita tra i modi di pregare e il discernimento degli spiriti, che non si trova né nei testi ufficiali né negli altri manoscritti. Già dal titolo («Quid faciendum post exercitia ad conservandum se ipsum»), offre alcune meditazioni per il tempo dopo gli Esercizi Spirituali (tra i quali, una sulla Pentecoste, non prevista nel testo definitivo degli Esercizi).

Il manoscritto sembra essere un riassunto del testo degli Esercizi Spirituali, per farli in sette o otto giorni. Da notare il numero di citazioni bibliche dell'Antico Testamento e del Nuovo Testamento, che non troviamo nel testo definitivo degli Esercizi Spirituali. Per esempio: nell'esame generale, Ger 4,2; nella meditazione del «Re eterno», Sal 142,8.10; Sal 24,4; nella meditazione della nascita, Is 1,3; 64,4; 1 Cor 2,9; Rm 6,23; Pro 5,22; 1 Tm 6,10; nei modi di pregare, Dt 6,5; Mt 22,37; Mc 12,30; Rm 8,32. Tutto ciò manifesta il carattere straordinariamente biblico di meditazioni che negli Esercizi Spirituali non appaiono con citazioni bibliche esplicite.

2) Gli *Exercitia Magistri Joannis*. Manoscritto datato tra il 1539 e il 1541, pubblicato per la prima volta nel 1969. La sua novità consiste nel fatto che rappresenta non soltanto una glossa, ma un *vero commento*

---

[11] Su questo punto, nonché in quello seguente, sugli *Exercitia Magistri Joannis*, seguo lo studio di R. GARCÍA MATEO, «Genesi spirituale e testuale degli Esercizi».

[12] Cfr. R. GARCÍA MATEO, *Ignacio de Loyola*, 243.

degli Esercizi Spirituali (in realtà, è il primo dei commenti del libro degli Esercizi). Sfortunatamente, termina con la meditazione dei «tre Binari».

È particolarmente interessante constatare l'abbondanza di citazioni della Sacra Scrittura all'interno del commento, soprattutto dei vangeli, delle lettere paoline, dei salmi e dei profeti. Queste citazioni offrono una ricchezza scritturistica che non si trova nel testo definitivo degli Esercizi Spirituali. Tale caratteristica richiama l'attenzione su come furono concepiti gli Esercizi Spirituali, fin dall'inizio, benché tali citazioni non appaiano nel testo definitivo, sulla base della Sacra Scrittura, come afferma il Breve di approvazione pontificia del 1548: «... quaedam documenta sive exercitia spiritualia, (Ignatius) ex sacris scripturis et vitae spiritualis experimentis elicita composuerit»[13]. Già dalla prima annotazione, quando si spiega come sono gli Esercizi Spirituali, è citato il Sal 76, e poi il Sal 118 e, infine, Paolo (1 Tm 4,7). Nella seconda annotazione, per spiegare la distinzione tra meditazione e contemplazione, si citano i Sal 118 e 38.

Il Principio e Fondamento sottolinea come la considerazione del fine ultimo costituisce la base di tutto «l'edificio spirituale», mette in risalto la dimensione escatologica e si unisce con l'esame di coscienza per mezzo di citazioni evangeliche che invitano alla vigilanza (Mc 14,38). Qui l'esame è più spiegato che nel testo definitivo, con diverse citazioni bibliche.

Nelle Settimane, le citazioni scritturistiche si moltiplicano. Per il dolore e la confusione a causa dei peccati si propone l'esempio della Maddalena e del re Davide; per la caduta degli angeli, Is 14,13-14; per la memoria dei peccati, Is 38,15; per l'esercizio dell'inferno ci viene offerto un commento con più di venticinque citazioni bibliche!

Nella Seconda Settimana, a proposito dell'antagonismo tra Cristo e Lucifero, che non appare esplicitamente nel testo definitivo prima della meditazione delle «due bandiere», e che qui appare dall'inizio della Seconda Settimana, nell'appello del «Re eterno» a lottare contro il principe di questo mondo, il commento cita 1 Gv 3,8; 1 Pt 3,22; Sal 2,6; Eb 5,4.

---

[13] «... i quali documenti o esercizi spirituali, (Ignazio) li compose, ricavandoli dalle Sacre Scritture e dalle esperienze della vita spirituale»: *Pastoralis officii*, 31 luglio 1548; cfr. I. CALVERAS – C. DALMASES, *Exercitia Spiritualia*, 76.

Nel commento alla contemplazione dell'incarnazione, troviamo molte citazioni e riferimenti agli scritti paolini, in modo particolare all'inno cristologico di Filippesi (2,7-8). La meditazione delle «due bandiere» è fortemente biblica, nel suo vocabolario. Per esempio, per riferirsi all'azione di Satana, cita Rm 6,23; per l'invio dei discepoli, la povertà è presentata secondo il discorso della montagna (Mt 5,3).

Benché il commento arrivi appena alla metà degli Esercizi Spirituali, all'incirca, non si può dubitare del suo grande valore come un vero commento agli Esercizi Spirituali e come un documento della sua interpretazione. Con la sua visione biblica, gli Esercizi Spirituali sono inseriti nella teologia della storia della salvezza fin dall'inizio. E questa linea d'interpretazione fu evidenziata dopo il Concilio Vaticano II, nel Congresso Internazionale di Esercizi Spirituali (Loyola 1966). Sfortunatamente, in quella data, gli *Exercitia Magistri Joannis* non erano stati pubblicati. Perciò, alcuni degli interventi durante quel congresso e altre interpretazioni successive non evitano il pericolo di interpretare gli Esercizi Spirituali in una prospettiva arbitraria e riduzionista. Alcuni Esercizi della Seconda, Terza e Quarta Settimana sono presentati come semplice meditazioni o contemplazioni bibliche, trascurando il loro carattere propriamente ignaziano.

Indiscutibilmente, gli *Exercitia Magistri Joannis* ci aiutano a scoprire il contesto di autenticità storicamente più vicino a Ignazio, e sono una luce per interpretare in modo biblico e genuino gli Esercizi Spirituali, senza trascurarne la pedagogia e la dinamica specificamente ignaziane.

Le contemplazioni della vita di Gesù devono aiutarci a comprendere il Cristo contemporaneo, modello eterno, l'unico Cristo che esiste attualmente, che sta tra noi, risorto. Dobbiamo tenere presente che il fatto di Gesù Cristo non può essere affrontato soltanto con la disciplina critica della storia. I racconti evangelici sono anzitutto una testimonianza di fede. Inoltre, gli Esercizi, come abbiamo detto, non sono una serie di lezioni di esegesi biblica. Sarebbe contrario al loro spirito turbare gli esercitanti con problemi critici. Tuttavia, questo non esonera l'esercitatore dalla responsabilità di conoscere lui stesso i problemi che l'esegesi moderna pone.

Benché siano indubbi i frutti che gli Esercizi Spirituali hanno prodotto in più di quattro secoli, è indiscutibile il fatto che debbano rin-

Relazione tra la Bibbia e gli Esercizi in generale

novarsi di continuo, concretamente integrando l'esegesi biblica contemporanea. Dal momento che san Paolo è un autore che offre contributi stupendi alla teologia e l'antropologia biblica, nel Nuovo Testamento, ed è tanto citato nella pratica degli Esercizi Spirituali, considero opportuno inserire qui qualche riferimento esplicito ai suoi scritti.

Con relativa facilità si può constatare che le meditazioni chiave degli Esercizi Spirituali possono essere presentate alla luce di alcuni testi paolini. La dialettica stessa degli Esercizi Spirituali è in sintonia con quella che offrono le lettere paoline (in particolare Rm, Ef, 1-2 Cor).

Il cammino che Ignazio presenta all'esercitante riflette quello che Dio stesso ha fatto percorrere all'umanità, in modo particolare al suo popolo, com'è riferito nella Sacra Scrittura. Si tratta di una sintesi della storia della salvezza. Il cristiano deve superare, progressivamente e con difficoltà, le sue diverse tappe. All'inizio, Dio creatore (Principio e Fondamento). Poi, la ribellione dell'uomo (il peccato). Dopo, l'alleanza definitiva di Dio con il suo popolo, per mezzo di Gesù Cristo, inviato dal Padre, per instaurare il suo Regno, sostituendolo a quello di Satana (il Regno, le due bandiere, la preparazione per la scelta); il mistero pasquale, centro della teologia paolina e di tutto il Nuovo Testamento (Terza Settimana). Cristo risorto, che si comunica ai suoi e ci dà il suo Spirito (Quarta Settimana). Infine, come conclusione, la vita che dovrà vivere l'esercitante dopo gli Esercizi Spirituali, nell'amore («contemplazione per giungere ad amare»). È lo stesso cammino che troviamo in Paolo, concretamente, nella lettera ai Romani.

Tutto il capitolo 8 di questa lettera è dedicato a illuminare il ruolo dello Spirito nella vita del cristiano. Anzi, *per Paolo, ciò che definisce il cristiano in quanto figlio di Dio non è altro che la presenza attiva in lui dello Spirito santo*[14]. Il cristiano, figlio di Dio, è colui che non solo è guidato, ma è anche animato dallo Spirito, che agisce nel suo intimo.

Senza dubbio uno dei contributi più forti di Ignazio all'ascetica cristiana è il *discernimento degli spiriti*. Le due serie di regole che egli aggiunge al suo libro contengono direttive proprio per discernere gli «spiriti», durante la Prima e Seconda Settimana degli Esercizi Spiri-

---

[14] S. LYONNET, «Los Ejercicios Ignacianos y san Pablo», 80-81.

tuali. Nella mente dell'autore sono una delle sezioni più significative ed essenziali del libro. La trascuratezza di questo discernimento degli spiriti giustificherebbe una critica alla spiritualità ignaziana.

Il tema del discernimento è caratteristico della spiritualità paolina. Per Paolo, il cristiano è un uomo «spirituale», uno che si sintonizza con i movimenti dello Spirito Santo in lui. Parla della vita nello Spirito (Rm 8), di essere guidati dallo Spirito (Gal 5,16-23). Questo testo presenta la vita cristiana ideale, in cui l'uomo è *guidato interiormente* dal potere e dall'ispirazione dello Spirito. Per quelli che si trovano in questa situazione di maturità non c'è bisogno di essere *guidati da fuori*, per la pressione di leggi o regolamenti. Perciò, per il cristiano maturo, lo Spirito sostituisce qualsiasi altra legge. Paolo descrive una libertà così perfetta come l'esecuzione dell'unico comandamento dato da Gesù: «Devi amare il tuo prossimo come te stesso» (Gal 5,13-14). Perciò si può considerare 1 Cor 13 come una magnifica descrizione della vita cristiana.

L'esistenza cristiana ideale è descritta da Paolo come una realizzazione progressiva della filiazione divina a cui tutti siamo chiamati dal Padre (Rm 8,14-15). Il mezzo concreto per arrivare a questa obbedienza e amore filiale è l'amore per tutti i nostri fratelli. È attraverso la solidarietà fraterna con tutti che potremo sperimentare la verità suprema che Dio è il nostro Padre.

Ma sia Paolo che Ignazio erano realisti nella loro concezione dell'esistenza umana. Il primo si rese conto del fatto che la legge aveva un ruolo da giocare nella vita della maggior parte dei cristiani. Il secondo ammise che «la ragione ci insegna nel Signore» che le regole e le costituzioni sono un bisogno, data la condizione umana ordinaria. I due erano consapevoli del fatto che, mentre il cristiano ideale non avrebbe bisogno di legge, la maggior parte di noi ha bisogno del suo aiuto, per la semplice ragione che non siamo perfetti, e non siamo capaci di ascoltare né di interpretare correttamente la voce dello Spirito. Nei momenti di debolezza, la forza delle leggi esterne può aiutarci efficacemente per l'esercizio dell'amore fraterno, che è l'essenza del cristianesimo.

Il Cristo di Paolo è il Cristo risorto, che «fu sepolto e fu risuscitato il terzo giorno», dopo «apparve agli apostoli» e – alla fine – allo stesso Paolo, «ultimo fra tutti» (1 Cor 15,4-8), e che continua a vivere nella sua Chiesa, formando con ognuno dei suoi membri un'unità, in modo

Relazione tra la Bibbia e gli Esercizi in generale

tale che Paolo può dichiarare: «Non vivo più io, ma Cristo vive in me» (Gal 2,20).

Il Nuovo Testamento ci offre una novità radicale: *ci rivela in Dio l'esistenza di una paternità che prima nessuno avrebbe potuto neppure concepire: la paternità di Dio tramite il suo figlio Unigenito.* Paolo aveva compreso dove si trovava l'ostacolo che impediva ai Giudei (e agli uomini, in genere, con questo atteggiamento) di riconoscere in Cristo morto e risorto l'unico salvatore: *la persuasione che si possa prescindere da lui.* Ugualmente, sant'Ignazio aveva compreso, a partire della propria esperienza, che *la condizione per progredire nella vita spirituale è proprio la conoscenza personale, esistenziale, della nostra qualità di uomini, che, come il pubblicano della parabola, possono ricorrere soltanto alla misericordia di Dio,* mentre il fariseo non può essere giustificato, perché si considera giusto. Perciò, la tentazione forse più pericolosa per l'uomo moderno, orgoglioso dei suoi progressi e scoperte, è quella forma di ateismo, insidioso, sottile, menzionata dal Vaticano II, che gli fa credere di essere «l'unico demiurgo e artefice della propria storia» (*Gaudium et Spes* 20) e, quindi, di potere prescindere da Dio[15].

Si può, pertanto, vedere perché la visione ignaziana degli Esercizi Spirituali ha trovato tanto appoggio e ispirazione nella teologia paolina. In qualunque suo risvolto si trova una connessione con uno dei temi, meditazioni o contemplazioni ignaziane: è la sorgente da dove, in buona parte, sono scaturiti.

---

[15] Per maggiori informazioni sulla teologia paolina cfr. l'Appendice 2, alla fine di questo lavoro.

CAPITOLO III

LA CONOSCENZA INTERIORE DEL SIGNORE

Il termine «conoscenza», con l'aggettivo «interiore», è usato molte volte da sant'Ignazio, nel libro degli Esercizi Spirituali: «*conoscenza interiore* del Signore» [104], «conoscenza interiore dei miei peccati» [63], «*conoscenza interiore* di tanto bene ricevuto» [233], «*conoscenza interiore* del mondo» [63], «*conoscenza* degli inganni del cattivo capo» [139], «*conoscenza* della vita vera» [139], «*conoscenza* per esperienza di consolazioni e desolazioni» [176]. Quando ci riferiamo alla «conoscenza interiore» del Signore, stiamo parlando del contatto personale con Lui. Troviamo una somiglianza nella conoscenza che san Paolo pretendeva raggiungere del mistero di Cristo (cfr. Ef 3,17-19).

Nella pedagogia ignaziana, il punto di partenza è «la storia», cioè gli avvenimenti della vita di Gesù, ma senza entrare in un'indagine dettagliata di tipo storico. Si parte dalla descrizione semplice che ci offrono i vangeli, per passare poi al «sentire e gustare interiormente». È come la pedagogia umana: conoscere prima esternamente gli uomini, per conoscerli poi interiormente. Siamo davanti a un processo lento e progressivo. Dobbiamo aspettare che il frutto maturi. L'esempio degli apostoli è eloquente: nonostante vivessero insieme a Gesù, ebbero bisogno ancora di tempo e, ovviamente, della venuta dello Spirito Santo, per interiorizzare quello che avevano vissuto e maturare.

La conoscenza del Signore, nella Sacra Scrittura, è un mistero che supera le capacità dell'uomo. Non può raggiungerla se non gli è rivelata: «Tutto è stato dato a me dal Padre mio; nessuno conosce il Figlio se non il Padre, e nessuno conosce il Padre se non il Figlio e colui al quale il Figlio vorrà rivelarlo» (Mt 11,27). E ancora: «Né carne né sangue te lo hanno rivelato, ma il Padre mio che è nei cieli» (Mt 16,17). I testi paolini illustrano molto bene questa realtà. Per esempio:

Tra coloro che sono perfetti parliamo, sì, di sapienza, ma di una sapienza che non è di questo mondo, né dei dominatori di questo mondo, che vengono ridotti al nulla. Parliamo invece della sapienza di Dio, che è nel mistero, che è rimasta nascosta e che Dio ha stabilito prima dei secoli per la nostra gloria [...] a noi Dio le ha rivelate per mezzo dello Spirito; lo Spirito infatti conosce bene ogni cosa, anche le profondità di Dio (1 Cor 2,6-7.10).

In Gv 14,9 Gesù dice: «Da tanto tempo sono con voi e *non mi avete conosciuto*? Chi ha visto me, ha visto il Padre». E nella preghiera sacerdotale: «Questa è la vita eterna: *che conoscano te*, l'unico vero Dio, e colui che hai mandato, Gesù Cristo» (Gv 17,3). L'accesso a questa conoscenza interiore di Cristo si realizza proprio attraverso la carne di Cristo.

Questa conoscenza interiore non è puramente intellettuale, ma principalmente frutto dell'amore, come appare nella parabola del buon pastore: «Conosco le mie pecore e le mie pecore conoscono me così come il Padre conosce me e io conosco il Padre» (Gv 10,14-15). Questa conoscenza è, quindi, un entrare nella vita trinitaria, una partecipazione in Cristo della conoscenza reciproca del Padre e del Figlio[1].

Con X. Léon-Dufour (*Vocabulario de Teología Bíblica*), intendo il termine *conoscenza interiore* nel significato biblico di *conoscere*:

La Bibbia spiega il termine *conoscere* non in un contesto di scienza, ma in un contesto di vita. Infatti, per il semita, *conoscere* trascende il sapere umano ed esprime una relazione esistenziale. *Conoscere* una cosa è avere esperienza concreta di essa.

Trattandosi di persone, «conoscere» significa intima presenza reciproca, fiducia vicendevole, comunione di cuore e di pensiero. Il conoscere biblico implica simpatia, affetto, sentimento di affidamento reciproco accettato e amato. Con questa parola la Bibbia indica anche

---

[1] C. Espinosa, *Los Ejercicios de san Ignacio a la luz del Vaticano II*, 260.

l'unione coniugale (Gen 4,1; Lc 1,34). Il buon pastore «conosce» le sue pecore (Gv 10,14).

Da questa nozione biblica si spiega quello che sant'Ignazio intende e chiede d'invocare insistentemente come «conoscenza interiore». Senza dubbio la conoscenza intellettuale è buona; ma quello che si chiede negli Esercizi Spirituali è soprattutto la conoscenza personale, affettuosa, intima, trasformante, unificante in Cristo[2]. E si deve chiedere nella preghiera, perché essendo un *mistero divino* (come si presenta nella Scrittura), sta oltre le possibilità umane. E significa, come *dono divino*, il rinnovamento-conversione profonda e totale dell'uomo. Dobbiamo tenere presente che una conoscenza concreta della persona di Gesù non si può ottenere senza conoscere i principali fatti o misteri della sua esistenza terrena, nonché i suoi insegnamenti.

E se il Vangelo è la sostanza degli Esercizi Spirituali, niente sviluppa, affina, approfondisce e fortifica il senso cristiano come la meditazione del Vangelo. Se si presentano alla luce pasquale ed ecclesiale, i fatti della vita di Gesù non appariranno come qualcosa d'irreale e lontano, ma avranno lo stesso significato degli autori dei vangeli e delle prime generazioni cristiane: la buona nuova della salvezza in Gesù Cristo risorto, vivente nella Chiesa, diffusore della sua grazia, mediante il suo Spirito. L'*anno liturgico,* con i suoi diversi *tempi,* ci aiuta a ricordare che il Gesù unico viene incontro alla Chiesa e al cristiano, lungo l'anno, per comunicarci la sua vita.

Quando parliamo di «conoscenza interiore di Cristo», non si fa distinzione tra il Gesù storico e il Cristo risorto: è sempre lo stesso Cristo. Il metodo ignaziano considera la totalità del mistero di Cristo e cerca di raggiungerlo attraverso le particolarità dell'evento. Lo Spirito Santo, con la sua azione nel nostro spirito, ci aiuta a scoprire, nella particolarità di ogni mistero, la pienezza del mistero di Cristo. Dovremmo però fare molta attenzione a non cadere in una presentazione moralistica delle contemplazioni ignaziane (l'imitazione di azioni o di un modo di vita, senza avere avuto prima un'esperienza reale della persona che cerchiamo di imitare). La teologia tradizionale, senza tanta

---

[2] Cfr. D. MOLLAT, «El conocimiento interno del Señor», 97/4.

attenzione allo spirito della Sacra Scrittura, con troppa enfasi sulle formule di Calcedonia, con un profilo apologetico e speculativo, ha influito negativamente su questa forma sbagliata d'imitazione, invece di aiutare a scoprire il mistero di Cristo nella vita cristiana.

Gli Esercizi Spirituali non sarebbero un'esperienza efficace, se non portassero a un incontro personale e vitale con Gesù Cristo. Perciò, il direttore deve avere ben chiaro che la sua missione è come quella di Paolo: «non sapere altro se non Gesù Cristo», e mettere lui a fondamento di tutto (1 Cor 2,2; 3,11). Deve aiutare l'esercitante a scoprire in modo personale ed esperienziale Gesù Cristo, il Signore, e a renderlo il centro e la spiegazione di tutta la sua vita. Poiché il mistero personale di Gesù Cristo, l'Uomo-Dio, è la chiave di tutto l'edificio cristiano, come dice Paolo: «è la pietra d'angolo, in cui tutta la costruzione cresce ben ordinata fino a formare un tempio santo» (Ef 2,20). Nella sua persona, tutto si unifica: è il luogo d'incontro e di vera comunicazione spirituale, l'inizio di riconciliazione divina e umana, il vincolo di unione tra Dio e gli uomini e degli uomini tra loro[3]. Dal momento che il suo messaggio non si separa dalla sua persona, dobbiamo proporre agli uomini del nostro tempo la persona di Gesù Cristo come oggetto di adorazione e amore, in tutta l'*ampiezza storica e cosmica del suo mistero* (*Gaudium et Spes* 45).

Il Cristo delle dimensioni cosmiche e metastoriche, il Signore, è sempre il Cristo dei vangeli, il Figlio di Maria, il Figlio di Dio incarnato, inviato dal Padre nel mondo, per portare a compimento la sua opera (Gv 4,34). Questo Cristo lo si scopre nell'atteggiamento umile dell'uomo pentito, perché è a questo tipo di cuore che egli si rivela e verso questo fine deve dirigersi lo sforzo del direttore degli Esercizi Spirituali.

---

[3] D. MOLLAT, «El conocimiento interno del Señor», 97/1ss.

CAPITOLO IV

PRINCIPIO E FONDAMENTO. DIMENSIONE SCRITTURISTICA

Quando sant'Ignazio presenta le grandi meditazioni, non sempre si riferisce, né direttamente né formalmente, alla Bibbia. E succedeva che, prima del ritorno alla Sacra Scrittura vissuto in seguito al Concilio Vaticano II, il direttore degli Esercizi Spirituali si riferisse ad essa ancor meno. Questo vale in particolare nella considerazione del «Principio e Fondamento», che corre il pericolo di essere trasformata in una serie di riflessioni di ordine filosofico e razionale sulla creazione e i corollari che ne derivano. Un taglio simile, ovviamente, provocherebbe reazioni meno favorevoli rispetto agli Esercizi Spirituali. Così, la prima meditazione risulterebbe la meno biblica di tutte. Non siamo davanti a una meditazione in senso stretto, ma davanti a una serie di considerazioni teologiche, che, come dico, corrono il rischio di essere presentate in forma razionale e astratta.

Dovremmo tenere presenti le parole della *Dei Verbum*: «È necessario dunque che la predicazione ecclesiastica, come la stessa religione cristiana, sia nutrita e regolata dalla Sacra Scrittura» (21). Il testo che sta a fondamento della visione, contemplata e assimilata da Ignazio, è 1Cor 3,11: *nessuno può porre un fondamento diverso da quello che già vi si trova, che è Gesù Cristo*[1]. Non si tratta, tuttavia, di sostituire le riflessioni ignaziane con qualsiasi «meditazione biblica», ma dobbiamo badare a non convertire il testo del Principio e Fondamento in oggetto di preghiera: è il punto di partenza, nelle sue due prime frasi, di una contemplazione fondamentale, di carattere totale e globale. Il resto del testo ha a che vedere con l'*atteggiamento* fondamentale necessario per

---

[1] Che è proprio il testo che si trova nel prologo della *Vita Christi* di Ludolfo di Sassonia, che Ignazio lesse e meditò, e di cui copiò, a mano, 300 fogli!

entrare negli esercizi della Prima Settimana. Il suo obiettivo è quello di mettere l'uomo nella condizione di accettare «quello che Dio vuole da me», per prepararsi all'indifferenza. Parimenti, la Bibbia ha come finalità quella di preparare l'uomo a fare «quello che a Dio piace».

Secondo gli specialisti, in questa pagina si tratta non tanto di proporre una meditazione sulla creazione quanto di aiutare l'esercitante a porsi nell'atteggiamento d'indifferenza spirituale, che è una forma di totale disponibilità nei confronti di Dio. Per sant'Ignazio, l'importante è l'atteggiamento d'indifferenza, a cui dedica cinque delle sei parti di questo testo [23]. Le prime linee, dedicate alla creazione dell'uomo e al suo fine, servono a preparare l'animo per raggiungere la totale disponibilità nei confronti di Dio. Questa prima meditazione è, in realtà, l'atto della presenza di Dio al momento di cominciare gli Esercizi Spirituali. Sant'Ignazio segue l'esempio della Bibbia, che, fin dalla prima pagina, ci presenta Dio creatore che ordina tutto quello che ha creato in vista del bene dell'uomo. Per la Bibbia, la creazione è il primo atto della *storia della salvezza* (Sal 136).

Segnalare in primo luogo la lode corrisponde in modo egregio alla spiritualità dei salmi[2]. Nel testo di Dt 10,12-13 troviamo gli elementi necessari per comprendere meglio il «prestare riverenza», dove si trova formalmente non tanto la riverenza quanto il servizio. Dato che la traduzione più adeguata del verbo «temere» è «rispettare», Ignazio può usare senza difficoltà «prestare riverenza». In questo testo citato del Dt troviamo la riverenza e il servizio. «Con il rispetto o riverenza di Dio, l'uomo si apre e trova il suo centro; così realizza e salva integralmente la sua condizione umana. Entra in una situazione autentica; può essere quello che deve essere, ciò che definisce la sua esistenza»[3].

A proposito del «servire Dio», troviamo un universo di testi biblici. Nell'Antico Testamento, culminano nei canti del Servo del Signore, specialmente nel quarto e ultimo (Is 52,13–53,12). Usare la parola «servire», come fa sant'Ignazio, e leggerla considerando lo sfondo biblico diventa «fondamentale» e decisivo. Benché il primo significato di que-

---

[2] Come segnala L. ALONSO SCHÖKEL, «El "Principio y Fundamento" de san Ignacio», 305.
[3] L. ALONSO SCHÖKEL, «El "Principio y Fundamento" de san Ignacio», 306.

sta parola sia cultuale (conserva ancora questo significato in diverse lingue: *Gottesdienst, service*), non è il primo inteso da sant'Ignazio.

Nel «servire» di Ignazio predomina il simbolismo politico: il Signore è il sovrano, il re; l'uomo è vassallo o suddito; al re spetta comandare, al vassallo servire e ubbidire. Inteso così, il termine «servire» unisce profondamente il Principio e Fondamento alla meditazione della chiamata o del Regno, la sovranità del Padre e la regalità di Cristo glorificato[4].

Con la concezione di Dio come sovrano e il popolo come suddito ci collochiamo appieno nella teologia dell'alleanza dell'Antico Testamento, che può offrire materiale di primordine per la meditazione del Principio e Fondamento, per esempio Es 19–20. Il Signore offre rapporti di alleanza agli Israeliti. Il popolo dovrà esprimere solennemente la sua accettazione, che diventa impegno permanente. Il «servire» biblico, come quello ignaziano, significa compiere, mettere in pratica. E non basta un «servire» generico, ma bisogna scendere nelle situazioni della vita, con i suoi dettagli concreti; a tal fine Ignazio propone il percorso del discernimento come atteggiamento permanente di ricerca della volontà di Dio. La riverenza ha a che fare con l'atteggiamento; il servizio con l'azione; la lode con la parola[5].

Tanto nella Bibbia come in sant'Ignazio, il servire è contemplato di fronte all'alternativa, «non servire», implicando un aspetto drammatico. Servire Dio vuol dire non servire nessun altro. Così, «nessuno può servire due padroni» (Mt 6,24). Nel Principio e Fondamento, l'aspetto drammatico non appare nella prima frase, ma fin quando appaiono le creature. Tutti gli Esercizi Spirituali portano a una scelta proprio per servire. San Paolo ci esorta a «non essere a disposizione» dell'ingiustizia (Rm 6,12-14), come equivalente semantico di «servire». L'uomo si rende libero proprio nel servizio di Dio.

Al tema della creazione sono dedicate soltanto due righe. All'indifferenza invece si dà tutto il resto del Principio e Fondamento. L'eser-

---

[4] *Ibid.*, 308.
[5] L. ALONSO SCHÖKEL, «El "Principio y Fundamento" de san Ignacio», 310.

citante deve arrivare alla totale disponibilità di sé, per accettare ciò che Dio gli potrà chiedere. Bisognerà avere molta cura di evitare una presentazione in modo razionale o filosofico, dal momento che si tratta, in realtà, di un *insegnamento centrale, dell'Antico e del Nuovo Testamento*.

Ogni chiamata di Dio esige da parte nostra una separazione. E tanto più decisiva è la chiamata, tanto più profonda sarà la separazione (per esempio, la vocazione di Abramo: Gen 12). Arriverà il momento in cui Abramo, all'apice del suo affidarsi a Dio, dovrà rinunciare al suo stesso figlio Isacco (Gen 22). Nel Nuovo Testamento, l'appello di Gesù ad essere suoi discepoli esige una rinuncia totale: Lc 9,23-24; 14,25-33. E se la rinuncia richiesta ha l'apparenza di una distruzione, è, al contrario, il passaggio alla vita. Lasciare tutte le cose per il Signore (cfr. Mt 19,29) significa non perderle ma guadagnarle. Nel dare per il Regno, benché in apparenza ci s'impoverisca, in realtà, più che una diminuzione, si ottiene un arricchimento. Così si capisce l'affermazione di Atti: «C'è più gioia nel dare che nel ricevere» (At 20,35).

L'indifferenza porta ad essere aperti, a non chiudersi né all'uso né all'astensione, all'evitare o al tollerare. Chiudersi è appropriarsi di una zona, togliendovi la signoria di Dio. L'essere disponibili, aperti, equivale a vivere in atteggiamento di gratuità.

È significativo che il timore non si trovi nel Principio e Fondamento. L'atteggiamento di timore o paura non si trova come tipico dell'Antico Testamento e meno del Nuovo Testamento. Ignazio si riferisce al timore come a un'ultima risorsa, una soluzione ultima, come di emergenza, e parla non di timore di Dio, ma di timore delle pene; e lo colloca, non nel Principio e Fondamento, ma nella meditazione dell'inferno.

Parimenti, la riflessione ignaziana su «le altre cose sulla faccia della terra» ha uno spiccato sfondo biblico: Sal 8; Gen 1,28; Rm 8,21; Ef 1,10; Col 1,20; 2Pt 3,10-13. La «indifferenza» è un insegnamento centrale del Nuovo Testamento e anche dell'Antico: la vocazione di Abramo: Gen 12,1; Eb 11,8. La sequela di Gesù non è possibile senza un distacco: Lc 9,23-24; 14,25-33; 18,30; Mc 10,30; At 20,35; 2Cor 6,10; 1Cor 7,30; Lc 17,33.

Sembra che, originariamente, il Principio e Fondamento non facesse parte del corpo degli Esercizi Spirituali: per Ignazio iniziavano con la Prima Settimana. Il Principio e Fondamento era una parte della preparazione dell'esercitante. Alla fine fu aggiunto al testo, come parte della preparazione al «primo esercizio»[6].

Mi sembra molto illuminante la riflessione di D. Stanley sul significato della chiamata che Dio ci rivolge: prima di essere cristiani, sacerdoti, religiosi o sposi, la prima vocazione che Dio ci rivolge è *essere umani*, cioè conoscere e accettare noi stessi:

> Essere umani significa possedere fondamentalmente una relazione sana con gli altri esseri umani, accettare la propria umanità e disumanità, senza sentirsi minacciati dalla superiorità degli altri. Significa accettare la responsabilità di prendere decisioni, la possibilità di sbagliare o commettere errori[7].

---

[6] Cfr. G. CUSSON, *Antropologia Biblica ed Esercizi Spirituali*, Napoli 1994.
[7] D. STANLEY, *A Modern Scriptural Approach to the Spiritual Exercises*, 20.

CAPITOLO V

PRIMA SETTIMANA

La realtà umana non è un'armonia tra mezzi e fini, come quella enunciata nel Principio e Fondamento; è piuttosto un disordine, uno scompiglio. L'uomo ha usato male della sua libertà e ha spezzato l'armonia originale. Con la meditazione di questa realtà cominciano gli Esercizi Spirituali [45-72]. Il tema s'intensifica con la meditazione dell'inferno [65], la negazione totale della salvezza, che l'uomo rifiuta liberamente. A partire dal «colloquio» [53] il mistero di Cristo sta in primo piano. Cristo crocifisso è la risposta salvifica di Dio, offerta misericordiosa che riapre la possibilità della salvezza, ma l'uomo peccatore deve, in risposta, «ordinare la propria vita» e disporsi alla sequela di Cristo con la triplice domanda: «cosa ho fatto per Cristo, cosa faccio per Cristo, cosa devo fare per Cristo» [53].

Negli Esercizi Spirituali non troviamo alcuna dottrina o spiegazione teologica sul peccato. Il loro obiettivo non è fare una simile proposta dottrinale, tuttavia, al fondo, ovviamente, c'è una concezione teologica sulla realtà del peccato. Senza mettersi a fornire un'ampia spiegazione di ciò che significava una tale concezione al tempo di sant'Ignazio, ricordare cosa vuole dire, biblicamente, il peccato, ci può aiutare a coglierne meglio la profondità, quando ci si riferisce ad esso, durante la Prima Settimana, in particolare nei testi che sembrano avere influito maggiormente su sant'Ignazio.

1. I vangeli sinottici

Rispetto al vocabolario, il termine *hamartía* si trova legato a due formule: «confessare i peccati» e «perdonare i peccati». Il termine *anomía* descrive uno stato generale di ostilità a Dio, in un contesto, in generale, escatologico (Mt 7,23; 13,41). Il peccato è concepito come una potenza diabolica (Mc 16,14); come uno stato generale di perversione, opposto al regno di Dio. Si trova nel cuore dell'uomo (Mt 15,10-20; Mc 7,14-23).

Gesù non ha fatto dissertazioni sul peccato, sulla sua natura o sulle sue conseguenze, ma era consapevole della sua realtà, e agì di conseguenza. Nei suoi fatti e detti era consapevole di essere il vincitore del peccato. La sua attività di taumaturgo è presentata come una lotta per liberare gli uomini dal dominio del diavolo, ma, tra tutti i testi dei sinottici, «il capitolo 15 di Luca è senz'altro quello che ci illumina meglio la nozione del peccato, e non è casuale che ciò avvenga rivelandoci il mistero dell'amore di Dio»[1]. Gesù descrive la sua missione, rispondendo ai farisei, con le parole: «Sono venuto a chiamare non i giusti, ma i peccatori» (Mt 9,13). L'atteggiamento di Gesù si mostra nella più stretta comunione (*fellowship*) conosciuta nel mondo orientale, quella cioè dei pasti (Mt 9,10: «Mentre sedeva a tavola nella casa, sopraggiunsero molti pubblicani e peccatori e se ne stavano a tavola con Gesù e con i suoi discepoli»). Gesù stabilisce così questa nuova comunione con Dio, perdonando il peccato e salvando lo spazio tra Dio e i peccatori. La sua parola di perdono lo mostra come il Cristo di Dio. Nel suo perdono, il Signore ci offre «la manifestazione più delicata della sua onnipotenza» (liturgia della XXVI domenica del Tempo Ordinario).

Dalla storia evangelica deriva il kerygma sinottico che Gesù è il vincitore del peccato. Tale kerygma appare con speciale chiarezza nelle parole dell'angelo a Giuseppe, nel racconto dell'infanzia: «Darà alla luce un figlio e tu lo chiamerai Gesù: egli infatti salverà il suo popolo dai suoi peccati» (Mt 1,21).

2. Gli scritti giovannei

Gli scritti giovannei ignorano i termini che designano un atto peccaminoso. Il termine *hamartía* designa meno un atto particolare che uno stato o una potenza che allontana l'uomo e il mondo da Dio. Fin dall'inizio del vangelo di Giovanni, Gesù è presentato da Giovanni Battista come colui che «toglie il peccato del mondo» (1,29). Due testi

---

[1] S. LYONNET, «Le Péché», 489.

indicano la nozione giovannea del peccato: «Chiunque commette il peccato, commette anche l'iniquità, perché il peccato è l'iniquità» (1Gv 3,4); e «Ogni iniquità è peccato» (1Gv 5,17). Il peccato è, quindi, *anomía* (opposizione al precetto divino) e *adikía* (contrapposizione a ciò che è retto e, dunque, alla volontà di Dio). Chi commette peccato non solo compie un'azione riprensibile, ma commette anche iniquità. Per Giovanni, il peccato non è solo una *mancanza*, ma si tratta anche di un'*ostilità*. Il peccatore non solo rifiuta la luce (3,19), ma la odia. «I Giudei» (nel linguaggio giovanneo, il mondo sottomesso a Satana e da lui ispirato) sono coloro che rifiutano di conoscere Cristo (15,22), odiano lui e il Padre suo. Questo odio porterà alla morte del Figlio di Dio (8,37).

La missione di Gesù comporta una situazione del tutto nuova, connotata dalla parola *crisi*: l'uomo deve necessariamente scegliere tra l'amore o l'odio, la luce o le tenebre (1Gv 1,9). Tra Dio e il peccato esiste un'antinomia radicale, tale che la comunione con Dio distrugge nell'uomo la possibilità stessa di peccare, mentre il seme di Dio è in lui, cioè nella misura in cui la Parola di Dio è nel cristiano un principio interiore d'azione.

Il «peccato che conduce alla morte» (1Gv 5,16) sembra riferirsi al peccato degli anticristi, cioè al rifiuto della fede, della verità e della luce del Signore, e la scelta delle tenebre.

3. Le lettere paoline

In Paolo appare più chiaramente la distinzione tra un vocabolario su atti peccaminosi e un altro riferito al peccato come una forza personificata (per esempio, Rm 3–8). Troviamo le cosiddette *liste di peccati*: nei sinottici ne troviamo un paio (Mc 7,21-22; Mt 15,19); in Gv nessuna; in Paolo almeno dodici. Diverse proseguono con un elenco di virtù. In Paolo, come a Qumran, queste liste sono collegate all'opposizione luce-tenebre.

Tra i peccati, Paolo attribuisce una gravità particolare a quello di cupidigia (*pleonexía*): voler avere sempre di più. Troviamo inoltre l'idolatria, il peccato che definisce il paganesimo; la *epithymía*, la brama, l'unico termine del vocabolario del peccato che si trova nel racconto del primo peccato dell'umanità presentato in Genesi come prototipo di tutti gli altri (Gen 3,6); *la carne*, che non significa un elemento materiale in opposizione a un altro elemento «spirituale» (l'anima o spirito, in senso greco). Per Paolo, sia l'anima che il corpo possono essere «carnali». Hanno bisogno di essere rinnovati dallo spirito.

L'insegnamento paolino più completo sul peccato lo troviamo in Rm 5–8. Il peccato è presentato come una potenza che entra nel mondo in seguito alla ribellione di Adamo, e passa a tutti gli uomini: arriva alla stessa creatura materiale (8,19-22). È immanente all'uomo e opera in lui attraverso il suo corpo mortale. Secondo gli insegnamenti della Sacra Scrittura, Paolo vede nella morte il castigo del peccato. Non si tratta della morte biologica, ma di quella che l'Apocalisse chiama «seconda morte». Coincide con ciò che il Nuovo Testamento chiama la *geenna* o ciò che la teologia successiva chiamerà l'*inferno*. Il peccato è *inimicizia contra Dio* (Rm 1,30), il cui significato attivo è *odio di Dio*.

Poiché il peccato è radicato nell'intimo dell'uomo, Dio non gli concederà un perdono autentico senza operare in lui un cambiamento radicale. Questo cambiamento è la trasformazione dell'uomo dallo stato di peccato a quello di giustizia, dall'odio all'amore. Questa giustificazione, benché sia principalmente un'attività di Dio, presuppone anche una risposta libera dell'uomo. Paolo tenta di descrivere la condizione dell'umanità dopo l'entrata del peccato nel mondo: bisognosa di redenzione in modo assoluto e universale. La maggioranza dei teologi contemporanei, già da alcuni anni, concordano sul fatto che il peccato originale è «la radicale incapacità dell'uomo, una volta arrivato all'età del discernimento morale, di poter scegliere Dio come il suo sovrano bene»[2]. Non esiste salvezza possibile fuori di Cristo. Nessun altro autore del Nuovo Testamento ha dato tanto spazio al peccato, a motivo dei suoi effetti e della sua universalità, né lo ha descritto in termini così forti. «Se però è l'unico a evocare esplicitamente la solidarietà dell'umanità intera con Adamo peccatore, era per rivelare un'altra solidarietà, quella dell'umanità intera con Gesù Cristo»[3]. Come dice lo stesso Paolo: «Dio ha rinchiuso tutti nella disobbedienza, per essere misericordioso verso tutti» (Rm 11,32). Nella passione di Gesù si rivela

---

[2] M. FLICK – Z. ALSZEGHY, «Lo stato di peccato originale», 308-309.
[3] S. LYONNET, «Le Péché», 489.

con maggior chiarezza il mistero della sapienza di Dio, che utilizza a vantaggio dell'uomo perfino il suo peccato.

Sul peccato, dice san Tommaso: «Dio non è offeso da noi ma in quanto agiamo contro il nostro proprio bene» (*Somma contro i gentili* III, 122). Come potremmo offendere Dio, se lui è infinitamente felice e immutabile? Il proposito di meditare sul peccato è quello di offrirmi una conoscenza di Dio, esperienziale, personale, contrastando la mia risposta al suo progetto d'amore. In modo antropomorfico, la Bibbia insiste, in molti modi, sul desiderio di Dio di cercare il mio bene. Le espressioni antropomorfiche bibliche, come ad esempio quelle dei profeti, pretendono di enfatizzare il carattere personale di Dio, in contrasto con gli dèi dei gentili, impersonali, frivoli, irrazionali, capricciosi, semplici personificazioni delle forze cieche della natura.

La meditazione sul peccato deve condurre a una maggior conoscenza di Dio, a partire dalla sua misericordia, in tal modo che si possa confessare con l'Esodo: «Il Signore, il Signore, Dio misericordioso e pietoso, lento all'ira e ricco di amore e di fedeltà, che conserva il suo amore per mille generazioni, che perdona la colpa, la trasgressione e il peccato, ma non lascia senza punizione...» (Es 34,6-7). Con il perdono, l'uomo riceve anche il favore del timore di Dio, cioè una conoscenza più personale di Dio.

Va notato, in sant'Ignazio, il significato profondo del valore del pentimento, la purezza di cuore, per crescere nella familiarità con Dio, che nelle Costituzioni della Compagnia di Gesù egli considera come il sigillo del gesuita. Era abituato a raccomandare *che la preghiera fosse breve*, non prolungata; l'uomo di preghiera dovrebbe essere mortificato, *morto al peccato*. Sant'Ignazio si distingueva per la sua insistenza peculiare sulla pratica quotidiana dell'esame di coscienza. Pentendosi del proprio peccato, l'uomo sarebbe maturato nella conoscenza e nell'amore di Dio in Cristo.

Un frutto della Prima Settimana sta nel progredire nella vigilanza, atteggiamento profondamente cristiano, familiare già alle prime generazioni cristiane: «Fratelli, siate sobri, vegliate» (1Pt 5,8). Comporta al tempo stesso la nozione di disciplina personale, senza la quale non è possibile una vita spirituale seria. È degno di essere tenuto presente che, tanto per la vita cristiana come per la vita religiosa, il vero pericolo è quello della superficialità. E la nostra penitenza dovrebbe considerare soprattutto la purificazione dell'immaginazione, del nostro orgoglio e della nostra affettività.

Utilmente, si possono collegare le meditazioni della Prima Settimana alla storia della salvezza. Non c'è da stupirsi che sant'Ignazio, radicato nella tradizione del suo tempo, alimentata dalla Bibbia e dai Padri, abbia assorbito spontaneamente, attraverso la vita cristiana normale e la partecipazione alla liturgia, i valori della storia della salvezza. Perciò si capisce che lo schema degli Esercizi appare già solidamente orientato secondo il movimento della storia della salvezza[4].

La storia della salvezza significa che la *salvezza* è offerta nel *tempo*: non si tratta di una verità astratta e atemporale. Si offre in una serie di fatti nei quali bisogna inserirsi vitalmente, che si esprimono nelle proclamazioni kerygmatiche delle prime comunità. È una salvezza offerta, non in un momento indivisibile, ma in una successione temporale. La salvezza è il significato profondo della storia. Così, la storia appare come una promulgazione delle opere salvifiche di Dio. La salvezza è il *fine* anche della storia. Di conseguenza, si ottiene l'esperienza della salvezza collocandosi di fatto in questo sviluppo temporale progressivo. In questo senso, gli Esercizi Spirituali arrivano a costituire un paradigma pratico di carattere generale in cui ognuno è invitato a ritrovare la propria posizione e il modo della propria partecipazione.

La meditazione sui tre peccati corrisponde a uno schema *storico*: presenta una serie di fatti successivi collegati in un modo o nell'altro a una causa comune. I primi due, tuttavia, presentano difficoltà all'esercitante moderno; eppure, l'elemento materiale non sembra avere un'importanza decisiva. L'esercitante deve entrare, attraverso la considerazione dei tre peccati e di altri simili (tutti quei fatti o situazioni che rappresentano la dinamica del peccato e dell'iniziativa di salvezza) nella persuasione che anche lui, inevitabilmente, è parte di una dinamica di salvezza o perdizione, che è attore responsabile di una «storia di salvezza accettata o rifiutata».

Arrivando al punto terzo della meditazione, sui peccati personali, l'esercitante arriva a una percezione più profonda della propria pre-

---

[4] Per questo tema cfr. C.M. MARTINI, «Esercizi Spirituali e Storia della Salvezza».

senza nella storia della salvezza: chiamato a partecipare intimamente ad essa, sente di essersi opposto al movimento dell'amore divino in Cristo e si confessa bisognoso di misericordia.

Nel movimento storico-salvifico vanno tenuti presenti i due attori della meditazione: Dio e l'Io. Dio è concepito non nei suoi attributi divini (sapienza, onnipotenza), ma come lo presenta il Sal 136: il Signore che si è mostrato come colui che agisce per amore («Eterno è il suo amore»). L'Io è considerato come membro del popolo di Dio, di fronte all'insieme di responsabilità nella comunità ecclesiale e nel mondo, come ha risposto alla varietà di aspettative che su di lui, giustamente, si sono nutrite. Sentendo le frustrazioni, probabilmente non poche, sgorga quella «exclamatio admirativa», insieme al «colloquium misericordiae». Troviamo non pochi testi biblici a sostegno: Bar 1,15–2,9; Ne 9,5-36; Is 63,7-19; Salmi 51, 65, 103 ecc.

E la *Meditazione dell'Inferno*? Consideriamo che il fine della storia della salvezza è la comunione con Dio, il Regno definitivo. A ciò si oppongono le frustrazioni delle tendenze di tutta la storia, il vuoto di Dio, le miserie dell'alienazione, della solitudine totale. Come si collega questa meditazione con la storia della salvezza? Proprio nella dimensione escatologica, immanente nella storia della salvezza, benché la tocchi nel suo aspetto negativo. Inoltre, perché ha il suo centro in Cristo, unica speranza di salvezza dall'alienazione totale che minaccia terribilmente dall'interno di ogni esistenza. Infine, perché permette l'attualizzazione della dimensione escatologica facendo percepire, nella fase attuale della storia della salvezza e della propria vita, la possibilità di un fallimento finale e del rifiuto del Dio dell'amore. Esiste la possibilità che la situazione di un egoismo estremo arrivi ad essere definitiva.

Va notato che, in questa meditazione dell'inferno, sant'Ignazio, alludendo alla possibile dimenticanza dell'amore del Signore, lo contrappone non al timore di Dio[5], ma al «timore delle pene» [65].

---

[5] Tale timore, del resto, costituisce un elemento essenziale nella Bibbia, specialmente nella letteratura sapienziale. Di esso si dice che è l'«inizio della sapienza» (cfr. Gb 28,28; Sal 111,10; 2,11; Sir 1,7: pienezza della sapienza; Fil 2,12; Eb 10,31. La migliore spiegazione del suo contenuto è Sap 1–15: pensare bene di Dio; cercarlo con semplicità di cuore; non tentarlo, amare la giustizia; lasciarsi guidare dallo Spirito Santo).

CAPITOLO VI
SECONDA SETTIMANA

Nel contesto degli Esercizi Spirituali completi, l'intendimento del Seconda Settimana è portare l'esercitante a scegliere uno stato di vita. Per Ignazio, la «scelta» possiede un significato biblico profondo (cfr. la scelta di Israele descritta in Is 43,1-7). Soltanto in virtù del fatto che Dio mi ha scelto «in Cristo» sono abilitato a fare la «scelta» ignaziana di Dio in Cristo. Questa «scelta» non è semplicemente il risultato della mia libera decisione. Sant'Ignazio ci aiuta a capire il primato di Dio nella libera scelta dell'uomo.

La nota che spicca è la contemplazione continua della vita terrena di Gesù, dall'incarnazione fino all'ultima settimana del suo ministero pubblico a Gerusalemme. L'obiettivo di queste contemplazioni è seguire più da vicino questo Gesù, il modello storico della vita cristiana. Così, la sequela di Gesù diventa il tema principale della Seconda Settimana, con la chiamata del «Re eterno».

La contemplazione ignaziana è orientata alla *imitatio Christi*, in amore e consegna totale di sé. Non si tratta di un mimetismo, di un'imitazione materiale delle parole e dei gesti di Gesù[1], quanto piuttosto di un *arduo e prolungato processo, attraverso il quale Cristo risorto agisce nell'intimo dell'uomo*. Recentemente, più che di «imitazione di Cristo» parliamo di «sequela di Gesù». L'esercitante deve scoprire, da sé (naturalmente, con la grazia del Signore), mediante la contemplazione degli eventi della sua vita totalmente umana, il supremo fascino di Gesù, che trasforma, poco a poco, il suo cuore. San Bernardo insegnò ai suoi cistercensi che un uomo deve in primo luogo acquistare *amor*

---

[1] Come annota D. STANLEY, *A Modern Scriptural Approach*, 75: «"Moralizing" on the mysteries of Jesus' earthly life risks the danger of remaining superficial in one' relationship with him».

carnalis Christi (innamorarsi in modo umano del Gesù della storia) per poter poi progredire nell'*amor spiritualis Christi*.

Ignazio compose il libro degli Esercizi Spirituali con pochissime meditazioni. Si tratta, nella maggioranza degli esercizi, di *contemplazioni*. Perciò, il P. Nadal diceva che Ignazio fu un «contemplativo nell'azione». Dalla contemplazione Ignazio dice che l'esercitante «ricava un frutto spirituale» [106]. L'espressione è vaga, intenzionalmente, perché non pretende di arrivare a «conclusioni pratiche». Pretende più di questo: aiutare l'esercitante a vedere dove può entrare nel piano contemporaneo di salvezza nel suo mondo attuale. Cioè, attraverso la contemplazione dei misteri della vita terrena di Gesù, imparerò dove devo inserirmi, per la grazia del Signore, nel piano attuale salvifico di Dio che si manifesta per la redenzione del mondo. Ricordiamo che la contemplazione è «il soffermarsi, attivo e amoroso, della mente davanti alla realtà presente del Mistero»[2].

La cosiddetta «vita spirituale» è l'esistenza sotto la guida dello Spirito Santo, l'impegno personale nella storia della salvezza. Il nostro inserimento in questa storia non si ottiene senza una lotta, e richiede molta pazienza, perché mai termineremo di avanzare verso la pienezza di questa esperienza, con le nostre debolezze e ombre. La «sapienza» cristiana, come Paolo la concepisce, non si ottiene con il battesimo, ma solo *dopo considerevole maturazione in* Cristo (cfr. 1Cor 3,1-2; 2,6ss.). La mia lotta deve incamminarsi verso la disponibilità di me stesso ad essere condotto dallo Spirito. Le vecchie abitudini del passato, non del tutto concordi con il piano di Dio, si dovranno rompere o cambiare, se voglio essere capace di ascoltare la voce dello Spirito.

Ma non basta rompere con il passato: bisogna guardare e immaginare il futuro. E per avanzare su questa strada, per inaugurare lo sguardo colmo di speranza e creativo verso il futuro, aiuterà la contemplazione della vita terrena di Gesù. È il programma positivo del futuro.

Non si tratta di un mero esercizio intellettuale. La fase che potremmo chiamare intellettuale, negli Esercizi Spirituali, corrisponde alla *storia* [2, 102, 111]: la proposta del tema, la narrazione breve di un mistero

---

[2] L. Alonso Schökel, «La Palabra de Dios en la "Dei Verbum"», 13-14/1.

della vita del Signore. Per esporre il *fondamento vero* dei fatti che si devono contemplare, ci vediamo obbligati a potere raggiungere questo fondamento solido, cosa per la quale è necessaria un'esegesi di buona qualità. Soltanto così potremo presentare il Cristo della rivelazione, non quello della nostra immaginazione. Allora saremo capaci di contemplare, di *gustare* la scena.

Si tratta di mettere me stesso nella scena, vedendo il Gesù della storia, affinché *conosca più intimamente, ami più profondamente e segua più effettivamente* [104] il Cristo contemporaneo, il Signore della storia esaltato e glorificato. Il termine usato da sant'Ignazio, «la storia», viene dall'esegesi medievale, che considerava la Scrittura come il fondamento di tutta la teologia. La fede sta nella teologia, e la spiegazione della Scrittura era la teologia. Si trattava di costruire un edificio ed era necessario mettere il fondamento, che si spiegava con il detto: «*Historia est fundamentum*». Così, secondo sant'Ignazio, la base della meditazione è il testo evangelico, il fondamento della contemplazione. Pertanto, la contemplazione e la teologia hanno lo stesso fondamento: la Scrittura. La storia può avere una dimensione anche personale: imparare a pregare con la propria storia (la mia vita è anche un tema della storia). Ugualmente, una dimensione apostolica: la mia vita è anche solidarietà con l'umanità. E come dice Alonso Schökel: «Non posso essere indifferente ai fatti che succedono nelle piazze delle culture del mondo»[3].

L'uomo moderno può trovare difficoltà ad adattarsi all'impostazione della pietà medievale, in queste contemplazioni, apparentemente ingenue. Il Cristo glorificato trovò poco spazio nella pietà medievale, concentrata sui dettagli considerati «storici» della vita terrena di Gesù. Si faceva molta attenzione al bambino della mangiatoia (sullo stile di san Francesco d'Assisi), al carattere orribile della passione di Gesù, all'abbandono del Cristo eucaristico (lasciato in solitudine). La pietà popolare e la spiritualità si concentrano sulla vita di Gesù, prendendo come punto di partenza l'umanità storica di Gesù per sviluppare, a partire da essa, la pienezza del significato salvifico-divino.

---

[3] L. ALONSO SCHÖKEL, «La "Historia" como revelación al ejercitante para encontrar a Dios», 95/3.

Se il pensiero teologico faceva dell'idea metafisica di Dio e dell'uomo i parametri per comprendere quello che Cristo doveva veramente significare, la devozione a Cristo partiva dalla meditazione dei vangeli, dall'incontro personale con lui, dalla sua imitazione, sequela e amicizia, come mostra il libro più conosciuto e diffuso dell'epoca *De imitatione Christi* di Tommaso da Kempis, che fu così importante per lo stesso Ignazio, che lo raccomandava negli Esercizi [100][4].

Il cristiano moderno, invece, si sente più a proprio agio con la cristologia paolina, che mette maggiormente l'accento sulla morte e risurrezione dell'unico evento-Gesù Cristo. Vibra di più con la spiritualità giovannea, costruita sulla visione di Gesù che «era morto ma ora è vivo per sempre» (Ap 1,18) e che, quale Cristo esaltato, è dinamicamente presente nel nostro mondo contemporaneo come Signore della storia. Troveremo un grande aiuto nello studio e nella lettura attenta dei vangeli, per cogliere l'atteggiamento della comunità cristiana primitiva rispetto alle tradizioni collegate a Gesù.

Gli evangelisti ricordano le parole e i fatti del «Cristo nella carne» (2Cor 5,16), per interpretarli alla luce della Pasqua o per aiutare i loro lettori ad approfondire la fede nel mistero pasquale. Così, nell'uso dei vangeli, nella pratica degli Esercizi Spirituali, dobbiamo tenere presente il loro carattere di documenti della fede cristiana, scritti da credenti per credenti, come un dialogo tra l'autore e i suoi lettori cristiani. Ricordiamo, inoltre, che i primi scritti ispirati del Nuovo Testamento non furono i vangeli, ma le lettere di Paolo. L'apostolo non registrò i detti e i fatti di Gesù. Solo fin quando la seconda generazione di cristiani cominciò a prendere il posto della prima, i nostri vangeli canonici cominciarono ad essere scritti, ma in essi non troviamo ancora trascrizioni dei detti di Gesù e, per di più, ci sono contraddizioni apparenti nelle narrazioni di episodi della sua vita. L'autorità dei vangeli per la vita cristiana non sta, quindi, nell'accuratezza e fedeltà delle memorie umane dei «testimoni originali» (Lc 1,2), ma nel fatto che sono scritti *ispirati* da Dio. Pertanto, nel proporre delle scene della vita terrena di

---

[4] R. García Mateo, *El Misterio de la vida de Cristo*, xx.

Gesù, per la sua contemplazione, si deve tenere ben presente il modo profondo in cui il mistero pasquale stesso, il centro del Vangelo, ha influenzato l'interpretazione e la narrazione stessa degli eventi del ministero pubblico del Signore.

I vangeli, quindi, più che offrirci la narrazione di fatti e detti della vita di Gesù, sono la *testimonianza cristiana* delle azioni e degli insegnamenti di Gesù, selezionati e interpretati per noi: hanno preservato la rivelazione come incarnata nella risposta di fede inerrante della Chiesa. Perciò, il *Sitz im Leben* (situazione vitale) di queste narrazioni, non è il contesto storico in cui accaddero in origine, ma la vita quotidiana della Chiesa primitiva. I vangeli possono essere letti come *fonti storiche*, come *opere letterarie* e come *opere teologiche*. Quello che dobbiamo contemplare è *il significato del testo*. La contemplazione, dunque, deve essere proposta sul significato teologico del testo. Quello che si contempla, pertanto, è ciò che il testo dice per la mia fede. Il direttore dovrà fare in modo che la contemplazione proposta «serva» all'esercitante per la dinamica propria dell'esperienza degli Esercizi Spirituali.

Nel libro degli Esercizi Spirituali troviamo un insieme di cinquantadue contemplazioni dei «Misteri della vita di Cristo nostro Signore» [261]. Ci sembrano una narrazione composta con chiara coerenza. Ci lasciano supporre la familiarità di Ignazio con il testo dei vangeli e possiamo concludere che la scelta che Ignazio fece di questi misteri non sia stata arbitraria o capricciosa. Quale fu il motivo che guidò Ignazio in questa scelta? Molto probabilmente Ignazio scelse i misteri da cui lui stesso aveva ricavato il maggior profitto[5]. La scelta operata da Ignazio costituisce un materiale importante per conoscere meglio la cristologia della spiritualità ignaziana. Davanti all'enorme quantità di materiale della *Vita Christi* di Ludolfo di Sassonia, che si potrebbe benissimo chiamare «*Somma evangelica*», in parallelismo con le «Somme teologiche», contrasta fortemente l'estrema sobrietà e schematicità dei misteri della vita di Cristo degli Esercizi Spirituali. Fedele al suo metodo di «breve e sommaria spiegazione» [2], Ignazio si limita a esprimere, in

---

[5] Cfr. F. von HUMMELAUER, *Points for the Meditations and Contemplations of St. Ignatius of Loyola*, 20-21.

modo assai breve e nella maggior parte dei casi con citazioni dei vangeli, momenti fondamentali di ogni mistero, affinché l'esercitante si sforzi di fare per conto proprio la meditazione.

Dal punto di vista esegetico si possono evidenziare certe anomalie, tagli o «interventi», che appaiono nel testo ignaziano rispetto al Nuovo Testamento, cercando di fare un confronto con la strutturazione principale degli Esercizi Spirituali. Ci sono infatti dei versetti che vengono conservati, altri sono privilegiati: troveremo quindi aggiunte e modificazioni rispetto al testo del Nuovo Testamento.

Quando sant'Ignazio si riferisce a «parole», sta intendendo ciò che dice il vangelo. Il termine ignaziano «parole», che si può intendere o definire come il racconto evangelico nelle tre connotazioni di *descrizione*, *preghiera* e *azione*, ci fa intravedere la triplice dimensione dei misteri, e può apparire come la fonte e la norma dei «tre punti» che uniscono negli Esercizi Spirituali il ricordo della «storia» e la contemplazione dei misteri: vedere le persone, udire quel che dicono, guardare quel che fanno... [106].

Sant'Ignazio cita parti di versetti, spesso una parola breve e selezionata. Ordinariamente, le citazioni di parole brevi e le citazioni di discorsi più lunghi o di testi narrativi sono abbreviati o modificati. Nell'analisi dei racconti ignaziani del Vangelo (in cui possiamo scoprire il suo rigore spirituale), dovremo evitare due pericoli: 1) pensare che sono frutto di inavvertenza, tutte le volte in cui il testo di Ignazio si discosta da quello del racconto evangelico: in quest'ultimo caso tratteremo ingiustamente Ignazio e interpreteremmo male le sue intenzioni; 2) attribuire un significato profondo a qualsiasi divergenza minima: faremmo così violenza al testo e potremmo introdurre le nostre idee al posto di quelle di Ignazio[6]. Quando Ignazio propone i punti, tratta il testo evangelico in modo particolare: ricompone un racconto nel racconto. La forma più abituale di presentare il testo evangelico è di tipo frammentario e composto, per esempio Lc 2,48 [272 3°]; Gv 2,15c [277 2°] ecc. I frammenti sono assemblati, come si può vedere

---

[6] Cfr. F. von HUMMELAUER, *Points for the Meditations and Contemplations of St. Ignatius of Loyola*, 23.

chiaramente. L'esempio di Esercizi Spirituali 312 1°, che combina At 1,3 con 1,4 e 1,8ab, lo mostra. Questo assemblaggio modifica la sequenza del racconto evangelico: o nella soppressione di versetti intercalati o nell'inversione di frammenti citati. L'esempio di 197 2°: Ignazio, che vuole notare gli avvenimenti cosmici nel momento della morte di Cristo, sopprime il tremore della terra e colloca in ultima posizione lo squarciarsi del velo, che nel testo evangelico invece lo precedeva. Notiamo, semplicemente, che Ignazio considera i quattro vangeli un unico testo e questo lo si vede con maggior chiarezza nei misteri della passione. Il punto che sembra spiegare questo trattamento del vangelo risiede nel seguente assioma: la Scrittura è, nella sua totalità, principio d'intelligenza spirituale. Talvolta Ignazio sembra fare un riassunto o uno schema di un insieme di unità narrative del testo evangelico. Per esempio, mette in relazione due misteri a distanza: la conversione di Maria Maddalena e la cena a Betania [282 3° e 286 3°]. In ambedue i casi Ignazio vede lo stesso intervento di Cristo nel processo fatto a Maria Maddalena.

Nel «commento» che Ignazio fa del racconto evangelico, va notata la duplice operazione che effettua: da una parte, riduce in una considerazione episodi molteplici; dall'altra, sulla durata del racconto evangelico opera un'amplificazione, cioè insiste su un elemento che, nel testo biblico, è circostanziale. Così, la versione ignaziana del contenuto evangelico non è tanto indifferente, come potrebbe sembrare a prima vista. In Esercizi Spirituali 266 1°, Ignazio annuncia il testo di Lc 2,4-5 sulla partenza da Betlemme, ma inverte l'ordine: ad andare a Betlemme sono Nostra Signora[7] e il suo sposo e non «Giuseppe con Maria, sua sposa e incinta». Ignazio vede «Nostra Signora» nella sposa di Giuseppe. Allo stesso modo, ha una sua importanza il fatto che Ignazio traduca come obbedienza la sottomissione di Gesù, a Nazaret [271 1°]. Troviamo altri esempi di questi «aggiustamenti» in 262 1° (l'annunciazione) e in 293 2° (l'interrogatorio di Pilato).

Elementi aggiunti: Alcuni avvenimenti, come l'apparizione a Nostra Signora, che non si ritrova nella narrazione evangelica; nella circoncisione:

---

[7] Così è qualificata Maria negli Esercizi Spirituali; per questa ragione, si conserva il titolo anche nell'edizione italiana.

«Rendono il bambino a sua Madre, che aveva compassione del sangue che da suo figlio usciva» [266 3°]; della domenica delle Palme: «Escono a riceverlo stendendo sulla strada le loro vesti e i rami degli alberi, e dicendo» (Mt 21,8ab), 287 3°; in 288 2°: «Finita la predicazione, poiché non c'era chi lo ricevesse in Gerusalemme, se ne tornava a Betania».

Il terzo punto del mistero della circoncisione non sta nel racconto evangelico. Nell'amplificazione della nota del vangelo, Ignazio realizza l'operazione notata, che si può constatare anche nella passione: «Restò tutta quella notte legato» [292 2°]. È certamente singolare il gesto di consegnare il bambino a Nostra Signora, il suo modo di qualificarlo. Ignazio vede nel tempo della circoncisione quello della passione. La «compassione» di Nostra Signora ci fa trasferire al sabato santo, rivestito di dolore e angoscia. E l'espressione «il sangue che da suo figlio usciva» evoca la passione: «sgorgò acqua e sangue» [297 3°]. Ugualmente, l'espressione «sua Madre», in 297 1°, o «sua Madre addolorata», in 298 1°, trova qui una risonanza[8].

In questo Punto va notato anche che compare la coppia madre-figlio, che si mostra qui, persino prima del mistero di Cana. Parimenti, nel testo ignaziano il nome di Gesù appare soltanto qui, quando poteva essere stato indicato già nei misteri dell'annunciazione. Questo nome di Gesù segna in modo particolare un gruppo di misteri della Terza Settimana. A quanto sembra, Ignazio vide nel mistero della circoncisione una sicura anticipazione della passione, come vede nel nome del bambino Gesù la pienezza già data dell'Uomo dei dolori[9].

L'annotazione di Ignazio, nell'ultimo mistero della Seconda Settimana, è senz'altro singolare: «non c'era chi lo ricevesse in Gerusalemme». Sebbene si possano evocare i testi di Lc 21,37 («Durante il giorno insegnava nel tempio; la notte, usciva e pernottava all'aperto sul monte detto degli Ulivi») e Mc 11,1 («Quando furono vicini a Gerusalemme, verso Betfage e Betania...»), non si giustifica la formulazione di Ignazio. Si spiega soltanto nel contesto immediato del mistero delle palme e dell'entrata nella Terza Settimana. Quando cita il testo di Mt 21,8ab, del-

---

[8] Cfr. A. CHAPELLE et alii, *Les Exercises Spirituels d'Ignace de Loyola*.
[9] *Ibid.*

l'accoglienza a Gerusalemme, in 287 3° lo introduce con le parole: «escono a riceverlo». Ignazio vede, nella durata della predicazione nel tempio «ogni giorno» [291 1°], come il tempo di attesa prima di entrare nella passione, che sarà il tempo di ricevere Cristo. L'insistenza su questo tempo in cui Cristo soffre per non essere ricevuto, aiuta a percepire meglio come l'arresto nel giardino può costituire l'accoglienza sperata del Signore. Qui Ignazio riprende l'annotazione della durata di 288 1°: «Come un ladrone siete usciti a prendermi con bastoni e armi, quando ogni giorno stavo con voi nel tempio insegnando e non mi avete preso». Così, proponendo una lettura del «testo ignaziano del Vangelo», stiamo entrando nell'*intelligenza ignaziana del Vangelo*.

Per quanto riguarda sia i quattro brani extrabiblici (apparizione alla Vergine, pesce arrostito e favo di miele presso il lago, ultima apparizione sul monte Tabor, apparizione a Giuseppe d'Arimatea), sia i materiali di tutti gli altri, Ignazio dipende da Ludolfo di Sassonia e dagli elementi che rivive dalla pietà popolare, da cui è profondamente influenzato. In nessuno dei misteri della vita di Cristo, segnalati negli Esercizi Spirituali, si trova la Pentecoste, perché non è considerata propriamente uno di questi misteri. Tuttavia, nella sesta apparizione del Risorto si tratta espressamente della comunicazione dello Spirito Santo, con la citazione di Gv 20,19-23: «Ricevete lo Spirito Santo; a quelli cui perdonerete i peccati, saranno perdonati» [304, 3°]. Di fatto, gli Esercizi Spirituali, che terminano con l'ascensione, non dimenticano di unire quest'ultimo mistero di Cristo con la Pentecoste: «Dopo che per lo spazio di quaranta giorni apparve agli apostoli, portando molti argomenti e segni e parlando del regno di Dio, comandò loro che attendessero in Gerusalemme lo Spirito Santo» [312 1°]. Nemmeno i vangeli dedicano un passo particolare alla narrazione di Pentecoste. Soltanto Luca, ma nel libro degli Atti, presenta la Pentecoste, prendendo la festa ebraica che ha lo stesso nome, con cui gli ebrei terminavano la Pasqua, come un evento particolare dell'invio dello Spirito, cinquanta giorni dopo la risurrezione, come una festa in cui culmina la Pasqua cristiana.

Integra anche l'apparizione a Paolo. Di fatto, la conversione di Ignazio riflette l'apparizione del Signore a Paolo, che ha per lo stesso Ignazio un significato molto speciale e che si orienta verso il futuro della missione. In questa prospettiva si deve intendere anche la contemplazione dell'ascensione [312], che, avendo alla base il racconto lucano, tira fuori l'esercitante dal suo ritiro spirituale, e dopo la sua esperienza del Signore, lo lancia alla missione apostolica. Così, Ignazio fu strappato dal suo tentativo di vita contemplativa nei luoghi santi, dove pensava di *imitare* il Signore, per essere inserito nella missione apostolica della Chiesa, in un cammino di *sequela* dello stesso Signore. Pentecoste sarà la contemplazione per giungere ad amare, proseguendo il cammino. Il Risorto se ne va, ma la sua «partenza» è presentata negli Esercizi Spirituali sotto forma di missione. Così si dice espressamente nella nona apparizione [307], citando Mt 28,16-20: «Li mandò per tutto il mondo a predicare dicendo: "Andate e insegnate a tutte le genti, battezzandole nel nome del Padre e del Figlio e dello Spirito Santo"». L'esaltazione di Gesù non esime i discepoli dalle loro responsabilità; al contrario, li invita a prendere sul serio la sequela di Gesù, secondo quanto si dice nella meditazione del «Re eterno», quella che offre il quadro cristologico fondamentale degli Esercizi Spirituali: «vedere Cristo nostro Signore, re eterno, e davanti a lui tutto l'intero universo; al quale e a ciascuno in particolare rivolge la chiamata dicendo: "È mia volontà conquistare tutto il mondo e tutti i nemici, e così entrare nella gloria del Padre mio; pertanto, chi vorrà venire con me deve faticare con me, perché seguendomi nella pena mi segua anche nella gloria"» [95].

Per la contemplazione dei misteri della Seconda Settimana sant'Ignazio distingue chiaramente tra i misteri della vita occulta e quelli della vita pubblica. Le due serie sono separate da un giorno di meditazioni ignaziane, che servono da introduzione immediata alla scelta.

CAPITOLO VII

CONTEMPLAZIONE DELL'INCARNAZIONE

In questa contemplazione si raccoglie tutto il mistero dal contenuto universale, attraverso le scene visibili, molto evocatrici, dell'*annunciazione* e della *nascita*: mistero di grandezza e di potenza, di salvezza e di vita, che si realizza nella povertà, nella semplicità e nella fragilità, fino ad arrivare alla vulnerabilità a cui espone la persecuzione. È offerto ai poveri di cuore, ricevuto dalla generosità collaborativa di Maria e di Giuseppe.

La Parola viene nel nostro mondo per mezzo di tre grandi eventi della storia della salvezza:

1) L'atto della creazione e la sua presenza nell'universo, grazie alla quale è preservato nell'esistenza. Ma questa Parola divina pronunciata nella creazione dell'universo, che continua ad essere espressa nella preservazione delle creature, non fu ascoltata.
2) Dio tenta di nuovo il dialogo con l'uomo in un modo più personale. La Parola tenta nuovamente di entrare nella famiglia umana venendo come legge di Dio, la *Torah*. Questa volta non fu pronunciata a tutta la creazione, ma a un popolo acquisito da YHWH per sé, liberandolo dall'Egitto. Neppure questo tentativo ebbe successo.
3) Terzo e ultimo tentativo: la Parola si fece carne. Venendo nel nostro mondo come Parola incarnata, il Figlio di Dio limitò se stesso: volle appartenere a una razza particolare, con le sue qualità e difetti; vivere in un periodo particolare della storia umana e, quindi, dovette passare per la morte. Scelse di vivere in un'area geografica particolare, essere uomo e non donna. L'incarnazione significa, quindi, mettere limiti alla Parola infinita di Dio, in molti modi.

Quando l'autore del quarto vangelo scrive: «la Parola si fece carne», vuol indicare l'umano in quanto creatura, debolezza, senza connotare peccaminosità. Il Verbo si fece *carne*, per dare all'uomo la sua *carne* come alimento. Attraverso gli eventi della vita terrena di Gesù, il Figlio incarnato, e l'invio dello Spirito Santo, il Padre invisibile rivelò se stesso e la sua divina volontà a quanti credettero in Gesù.

1. I racconti dell'infanzia

Si trovano nei primi due capitoli dei vangeli di Mt e Lc, con un carattere diverso e particolare, rispetto agli episodi che trattano della vita pubblica di Gesù. Sono stati oggetto di numerosissimi studi, e continuano ad esserlo. L'intenzione di Mt e Lc, scrivendoli, fu quella di far vedere che Gesù Cristo, fin dal momento in cui si trova tra noi, prima di parlare o di agire, è la Vita data agli uomini, la Vita eterna venuta in questo mondo, avviato alla morte. Mt e Lc raggiungono il loro obiettivo facendo sapere che Gesù è, con la sua sola presenza, la sua incarnazione, la sua semplice vita di uomo fedele a Dio, *il compimento delle promesse*.

Quello che sostiene le promesse è un desiderio di liberazione dell'uomo, che si trova in cammino verso la Vita che sta oltre i limiti mortali dell'uomo. E questa è precisamente la buona notizia: Gesù, che sta tra noi, è questa Vita. Per comunicarci questa verità, Mt e Lc ricorrono al genere letterario del *midrash*: raccogliendo un minimo di dati storici, trasmettono il loro messaggio dottrinale attraverso una riflessione basata sulle Scritture precedenti. Mostrano che queste Scritture *si attuano e si realizzano* in Gesù.

La testimonianza apostolica ufficiale che, ancora in forma orale, costituiva il *kerygma*, la proclamazione cristiana della salvezza, la testimonianza ufficiale dei Dodici sulla risurrezione di Gesù, includeva soltanto la sequenza cronologica degli eventi dal ministero di Giovanni Battista fino all'ascensione di Cristo risorto (At 1,21-22). Era un messaggio di speranza a un mondo disperato. Qualsiasi episodio della vita pubblica di Gesù, incluso nella predicazione apostolica (e più tardi, nei vangeli scritti), era orientato verso questo punto focale: la morte e la risurrezione di Gesù.

Pertanto, gli episodi dell'infanzia restano fuori della predicazione apostolica del Vangelo, che era basata soprattutto sull'esperienza dei testimoni oculari e conteneva l'affermazione della fede cristiana. Questi episodi non erano, quindi, oggetto della *testimonianza ufficiale* degli apostoli proclamata nella predicazione primitiva. Poiché i Dodici non ebbero esperienza personale degli eventi che circondarono la nascita e l'infanzia di Gesù, Mt e Lc, quando vollero inserire nel loro scritto i racconti dei primi anni di Gesù, *non potevano contare sulla testimonianza ufficiale dei Dodici*. D'altra parte, non avendo sotto mano una fonte con l'autorità della predicazione apostolica, il redattore per sistemare questi materiali godeva di maggior libertà di quella che aveva quando si trattava della vita pubblica di Gesù. Ma, per quanto in questi racconti manchi la testimonianza autorizzata di carattere apostolico, presente nel resto dei vangeli, non si può dire che il vangelo dell'infanzia sia fantasia, e che il vangelo della vita pubblica sia realtà.

Per un certo tempo, si accettò come soddisfacente la seguente soluzione: poiché nelle narrazioni dell'infanzia di Mt san Giuseppe è presentato nel suo ruolo principale, le memorie conservate vennero dai suoi parenti; e quelle di Lc, che fa di Nostra Signora il personaggio principale, vennero dalla famiglia di lei. Ma in seguito si notò che le sequenze di Mt e di Lc non avevano niente in comune, nonostante fossero state scritte pochi anni dopo gli eventi. Tranne per il concepimento verginale e la nascita di Gesù, questi due racconti presentano una divergenza tanto ampia, che alle volte sembrano perfino contraddittori. Dobbiamo tener ben presente un dettaglio di non poco conto: *il numero così generoso di citazioni e allusioni all'Antico Testamento, sparse in tutto il testo*. Soltanto le narrazioni della passione hanno un numero paragonabile di riferimenti all'Antico Testamento.

La presenza così marcata delle Scritture in questi racconti sembrerebbe suggerire che siamo davanti a testi elaborati con una *tecnica midrashica*, che si trova di frequente nella letteratura dell'Antico Testamento. Questo genere letterario fu indirizzato principalmente all'*edificazione*, con meno interesse per l'aspetto storico. Così, non avendo le testimonianze autorizzate dei Dodici, rispetto ai fatti dell'infanzia di Gesù, Mt e Lc *radunarono ricordi di famiglia, e riempirono i dati schematici che ottennero in questo modo, introducendo abbondantemente temi e citazioni dell'Antico Testamento*. Il vantaggio per noi di questo procedimento metodologico è che sottolinea il messaggio religioso che Mt e Lc volevano che si cogliesse in queste storie, piene di poesia, semplicità e profondità.

Non dobbiamo però dimenticare che queste narrazioni sono parte integrante dei vangeli scritti e, di conseguenza, sono orientate al centro del Vangelo: la morte e la risurrezione di Gesù. Lo stesso sant'Ignazio si mostra consapevole di questa verità [116]. Come tutti i misteri della vita terrena di Gesù, anche quelli dell'infanzia ci offrono un'*interpretazione a livello cristologico del mistero cristiano*.

I due capitoli di Lc sono ispirati principalmente a due passi dell'Antico Testamento. Il primo è Dn 9,24-27, il secondo Mal 3,1-5. Il primo è la profezia *ex eventu* delle settanta settimane, in cui l'angelo annuncia la conclusione della colpa di Israele. È l'annuncio della redenzione di Israele al termine di 70 settimane. Il *kairós* o tempo profetico diventa realtà. Il totale del tempo della sequenza di avvenimenti annunciati in questi capitoli lucani (annunciazione a Zaccaria, annunciazione a Nostra Signora, la nascita ecc.) è di 490 giorni, o 70 settimane! È senz'altro uno degli stratagemmi tematici che Lc usa per strutturare la sua versione dell'infanzia di Gesù, lasciando il suo marchio su certi dettagli della narrazione. Per esempio, l'angelo che fece la sua profezia chiamata di *settanta settimane* nel libro di Daniele si chiamava *Gabriele* da cui il nome del messaggero celeste nelle scene dell'annunciazione lucana.

L'altro testo, Mal 3,1-5, è sfruttato nella liturgia della festa della Purificazione. Questa profezia misteriosa era stata meditata e commentata nel tardo giudaismo. In termini oscuri parla di un «angelo» o messaggero del Signore, che sarebbe mandato «davanti al volto del Signore». Verso la fine del periodo dell'Antico Testamento c'era una forte speculazione sull'identità di questo misterioso messaggero. Finalmente, gli scribi giudei conclusero che Elia sarebbe dovuto tornare sulla terra, per preparare l'apparizione imponente di Yhwh, nel giudizio escatologico. Lo stesso Nuovo Testamento testimonia la vitalità di questa tradizione, e Gesù la porta alla sua conclusione finale, segnalando che Giovanni Battista è Elia (Mt 11,14). Nella narrazione lucana, l'angelo annuncia che il bambino che nascerà a Zaccaria e Isabella «andrà davanti a Dio con lo spirito e il potere di Elia» (Lc 1,7). La profezia di Malachia è incentrata sul tempio. Nella narrazione lucana, i luoghi d'interesse sono il tempio e la città santa.

Matteo, che rispetto a Luca è più interessato a un'impostazione apologetica, comincia il suo vangelo con la genealogia, perché vuole di-

Contemplazione dell'incarnazione

mostrare che le radici di Gesù affondano nel passato del suo popolo. Dà così tanta importanza al numero 14 che elimina i nomi dei tre re delle prime serie, per conservare questo numero esatto. Tramite questo procedimento, che ci può sembrare strano, l'evangelista mostra che desidera provare che Gesù è tanto figlio di Abramo quanto figlio di Davide – grandi figure dell'Antico Testamento, intimamente connesse con le speranze messianiche di Israele.

Come si spiega che Giuseppe sia stato introdotto nell'elenco degli avi di Gesù, se lui non ebbe nulla a che fare con la concezione di Gesù in Maria? Perché Giuseppe è «Figlio di Davide». Nel piano divino, Giuseppe deve agire come padre di questo bambino, nato da una vergine madre, dandogli il nome di Gesù e trasmettendogli il lignaggio davidico. Nel mondo semitico, uno è riconosciuto come figlio di colui che gli dà il nome, che lo riconosce come suo (indipendentemente dalla paternità biologica).

Il capitolo 2 di Matteo fornisce un'anteprima del movimento principale del resto del vangelo. Nella porzione di Chiesa, a cui apparteneva l'evangelista, predominavano credenti che provenivano dal paganesimo. Matteo, come Paolo, cerca di rispondere alla domanda che ossessionava i cristiani del I secolo: come fu possibile che il popolo stesso con cui Dio fece la sua alleanza non abbia obbedito al Vangelo e non sia entrato nella Chiesa cristiana? La storia dei magi serve a illustrare come i pagani risposero alla chiamata divina alla fede cristiana più rapidamente del popolo eletto. Poi, l'episodio della persecuzione del bambino e il suo cercare rifugio in Egitto illustrano un tema che Matteo ama molto. Il piano provvidenziale di salvezza di Dio si realizza nonostante e proprio attraverso la perversità umana, concretizzata qui nei piani assassini di Erode. A motivo di questa perversità, Gesù Cristo, il Figlio di Dio, sarà consegnato alla morte, soltanto che questa «consegna» (parola che divenne termine tecnico del vocabolario paolino della redenzione) non è opera dei Giudei, né dei Romani, né di Giuda o Caifa o Pilato o Erode: *denota l'atto amoroso del Padre che consegna il proprio Figlio per riscattare tutta l'umanità* (Rm 8,32; Gv 3,16).

Nella prospettiva di Matteo, la storia della fuga in Egitto e il ritorno del bambino Gesù segna l'inizio della realizzazione della *promessa di Ger 31,31-34* (il testo immediatamente anteriore a questo è quello di

Rachele, citato da Mt). Troviamo questa concezione sottolineata dalla citazione di Osea: «Dall'Egitto ho chiamato mio figlio» (11,1). Così, si vede con chiarezza il principale motivo della fuga in Egitto: è stato ordinato da Dio, il Padre, che il bambino Gesù potesse manifestare la sua vocazione messianica *essendo chiamato dall'Egitto*. In questi primi due capitoli di Matteo abbondano i sogni:

> Il motivo del sogno è tipico dei patriarchi, di Abramo, di Giacobbe. È con ogni probabilità l'elemento che Matteo usa per mettere in luce la continuità della storia della salvezza: Giuseppe non è un semplice povero falegname, ma un uomo nella linea di Abramo e Giacobbe, nella linea della realizzazione delle promesse di Dio[1].

Si potrebbe obiettare che un riconoscimento del *carattere letterario* di queste narrazioni impoverirebbe le nostre contemplazioni basate su questi episodi. Ben al contrario si vedono arricchite con i vantaggi offerti, che la conoscenza scritturistica moderna offre. Essa ci rende consapevoli del fatto che, nella mente di questi evangelisti ciò che ha importanza primaria non è l'aspetto storico, in questi episodi, ma il loro messaggio religioso. Quello che Mt e Lc ci offrono, in queste storie, è un insegnamento cristologico. Proprio per questo valore, la Chiesa le ha tenute in grande considerazione, fin dall'inizio, e le usa nella sua liturgia e nella pratica della preghiera per introdurci nel Vangelo di Gesù Cristo. Bisogna quindi fare attenzione al modo in cui ci accostiamo a questi testi, quando si tratta di pregare ispirati da essi. Benché non si disprezzi, tuttavia l'interesse primo non dovrebbe essere lo sforzo per spiegare la realtà storica, come afferma Martini:

> La nostra meditazione non può mai partire dal fatto storico puro e semplice. Non si deve cercare in primo luogo la storicità del fatto narrato; la meditazione che è cammino per la preghiera e, quindi, per l'incontro con Dio, deve essere fatta sul testo così com'è, dal momento che così può provocare la risposta di fede nel credente che prega. Così parlarono i

---

[1] C.M. MARTINI, «I Misteri dell'Infanzia di Gesù», 101.

Santi con Dio alla luce della Scrittura. Dell'individuazione della storicità concreta di questo o di quel fatto si preoccuperà lo storico, l'apologista ecc. Ma chi prega trova Dio così come Egli vuole comunicare il suo messaggio di salvezza[2].

Di fatto, quando negli Esercizi Spirituali si parla di proporre il «vero fondamento della storia», non s'intende l'avvenimento storico, privato della sua interpretazione teologica o dei suoi riferimenti narrativi. Sono le narrazioni stesse così come le troviamo nei vangeli[3].

2. La buona notizia di Natale

Luca riceve l'onore di annunciare al mondo la buona notizia di Natale. Matteo dice ai suoi lettori «come fu la nascita di Gesù Cristo» (1,18). Si limita però al messaggio del concepimento verginale e della nascita del nostro Signore, dal momento che è interessato principalmente a spiegare come Giuseppe, senza essere il Padre naturale di Gesù, fu portato dall'ordine divino ad agire come suo padre, dando il nome al bambino, e passare così al figlio di Maria il proprio lignaggio davidico (1,18-25).

La narrazione lucana colloca l'avvenimento *nel contesto della storia contemporanea*. L'insieme è presentato come *Vangelo in miniatura*: «Vi annuncio *una grande gioia*, che sarà di tutto il popolo» (2,10), proclama l'angelo. La narrazione contiene i principali temi teologici lucani: dunque, i suoi interessi «sociali», la sua predilezione per la povertà attuale, il suo interesse per le donne legate a Gesù, in particolare per sua madre. Nella formulazione del kerygma angelico, si può vedere la consapevolezza che Luca nutriva della natura universale del messaggio cristiano. La concezione lucana di Gesù appare nella proclamazione angelica della nascita di «un Salvatore... che è il Messia, il Signore». Soltanto Luca gli dà questo titolo, proprio del Gesù risorto, durante la sua vita

---

[2] C.M. MARTINI, «I Misteri dell'Infanzia di Gesù», 101.

[3] Sono d'accordo con Adolfo Haas, che sostiene che il «vero fondamento della storia» si riferisce anzitutto al testo della Scrittura, senza ampliamenti né aggiunte apocrife, che con ogni probabilità Ignazio trovò nelle sue fonti, ma evitò totalmente negli Esercizi Spirituali. Cfr. *Commento sulle annotazioni agli Esercizi Spirituali*, 22.

terrena. Ugualmente, la nota di gioia che percorre il racconto è un tratto della spiritualità lucana.

Nella contemplazione di questo testo evangelico dovremo concentrarci sul suo orientamento cristologico, dato il tipo di letteratura a cui appartiene questa storia della nascita di Gesù. L'intenzione di Luca è soprattutto quella di mostrare ai suoi lettori che questo evento significa la manifestazione terrena del Figlio incarnato, come Salvatore e Messia. Facendo un paragone con Matteo, possiamo dire che il primo evangelista è un *apologeta*, che intende provare che Gesù è il Messia, mentre Luca è un *teologo*, che riflette sui dati della rivelazione ed espone la cristologia che vi trova.

Si deve notare che non c'è menzione, nel testo di Lc, di una grotta o di una stalla, come la pietà popolare è solita rappresentare, associando questo elemento alla nascita di Gesù. Il tema della mangiatoia è stato ispirato dall'affermazione di Is 1,3: «Il bue riconosce il suo padrone, l'asino la mangiatoia del suo proprietario. Israele non conosce, il mio popolo non comprende».

Il tema principale di Natale è il messaggio di speranza, la speranza certa che Cristo verrà di nuovo nella gloria. Dobbiamo notare, tuttavia, che la commemorazione della nascita di Gesù ha un ruolo subordinato nella fede cristiana e nella pietà, come si può vedere dalle seguenti considerazioni, che il Nuovo Testamento stesso ci indica: i vangeli non ci illuminano né sul giorno né sull'anno in cui questo importante avvenimento ebbe luogo. Possiamo soltanto supporre che Gesù nacque tra l'8 e il 6 «prima di Cristo»[4].

Non conosciamo la data esatta della nascita di Gesù; e sembra che alla Chiesa non sia importato, perché trattandosi della celebrazione di questa nascita, lo fa guardando avanti, dalla prima venuta di Cristo alla sua seconda venuta. Di fatto, soltanto quando la Chiesa si vide liberata e in pace, grazie alla conversione di Costantino, nel IV secolo, cominciò a celebrare il Natale. L'interesse della Chiesa, promuovendo

---

[4] Papa Giovanni I affidò al monaco Dionigi l'incarico di stendere un calendario cristiano, per sostituire l'antico metodo pagano di computare il tempo *ab urbe condita*, dalla fondazione di Roma, ma sbagliò i calcoli di una mezza dozzina d'anni.

Contemplazione dell'incarnazione

questa celebrazione, fu quello di aiutare il popolo cristiano a conservare l'intensità e l'ardore della speranza della venuta di Cristo nella gloria. Sentendosi accettata, tollerata, a proprio agio in questo mondo, sotto Costantino, *la Chiesa poteva dimenticare quello che aveva ricordato vividamente, quando era perseguitata*: che il Signore Gesù stava per venire ancora. La storia successiva s'incaricò di dimostrare quanto può essere facile per il popolo cristiano trascurare questa speranza nel ritorno del Signore, alla fine dei tempi.

Un'altra indicazione del fatto che la celebrazione di Natale attira lo sguardo verso il futuro è *il simbolismo prominente della liturgia di Natale*. Per esempio, la scelta della data del 25 dicembre, che coincide con il solstizio d'inverno. A partire da quella data, i giorni cominciano ad allungarsi di nuovo, e le menti e i cuori umani si volgono alla speranza della primavera e alla rinascita della natura, con il ritorno della luce del sole nel nostro mondo.

Ma l'indicazione più chiara dell'intenzione natalizia di aiutarci a rivolgere il nostro sguardo verso la venuta futura di Cristo nella gloria si trova nell'orientamento al futuro dell'intera liturgia, dall'avvento all'epifania. Ovviamente la Chiesa è consapevole del fatto che la venuta di Cristo, per la quale prega in questo tempo, non è quella nascita che successe secoli fa; ciò che chiede nella sua preghiera, con tanta frequenza in questo periodo liturgico, non è nemmeno una venuta immaginaria. La ragione di questa celebrazione è, quindi, *risvegliare in noi il desiderio del suo ritorno*.

Per sintetizzare il significato della storia dell'infanzia, possiamo considerare i seguenti punti, partendo dall'esegesi attuale:

a. Gesù appare inserito nella storia umana (tratto tipico di Luca: la menzione del censimento di Quirino, l'allusione a Erode). Nel Credo, menzioniamo Ponzio Pilato.
b. Colui che nasce è figlio di Davide, come si constata dal riferimento a Michea (5,2) implicito in Luca, esplicito in Matteo (2,6). La nascita a Betlemme è in funzione della messianicità di Gesù. Per spiegare la nascita di Gesù a Betlemme si menziona il censimento.
c. Quello che nasce è il Messia, in cui si compiono le aspettative del popolo di Israele e dell'Antico Testamento.

d. Secondo la mentalità ebraica dell'epoca, il Messia sarebbe rimasto nascosto durante un certo periodo della sua vita, ma avrebbe dato dei segnali. I pastori, per esempio, avrebbero potuto riconoscerlo in questo segno: avrebbero trovato un bambino «avvolto in fasce, adagiato in una mangiatoia». Le fasce evocano Sap 7,4 ed esprimono la debolezza e la vera umanità di questo Messia, mentre la mangiatoia allude a Is 1,3. In fondo, la mangiatoia indica la croce.
e. Con questo bambino, che nasce, si realizza la salvezza, che il canto degli angeli formula così: «Gloria a Dio...».
f. I pastori, emarginati sociali dell'epoca, sono i primi a ricevere l'annuncio di questa salvezza. I pastori erano considerati spesso, nel mondo ebraico, come gente di cui non fidarsi molto e poco fedeli rispetto ai propri doveri religiosi (Strack-Billerbeck 2,113-114).

Qual è *l'intenzione di Ignazio* in questa contemplazione? Sottolineare, da un lato, la povertà della nascita e della morte in croce [114 e 116], come cammino di salvezza; dall'altro, la nostra sottomissione e riverenza per questo Salvatore povero e respinto. Pertanto, il direttore di oggi deve proporre, in questa contemplazione, le seguenti tre idee:

1. Gesù nasce nella povertà e la mangiatoia preannuncia il rifiuto, perciò, la mangiatoia preannuncia la croce.
2. Questo è l'unico cammino grazie al quale si arriva a manifestare la gloria di Dio o, in altre parole, grazie al quale la pace di Dio arriva agli uomini.
3. L'esercitante deve arruolarsi nel «servizio» di questo Salvatore.

Se la contemplazione prescinde da questi elementi, e si muove soltanto in una scena romantica, dolce e familiare, sarebbe un esercizio sbagliato, una falsificazione del testo e uno snaturare il significato spirituale ignaziano.

L'intenzione degli autori sacri di questi racconti è quello di mostrare, in Gesù, la continuazione della storia salvifica dell'Antico Testamento. Perciò utilizzano i generi letterari del loro tempo.

- Il *midrash* riprende la vita dei grandi personaggi dell'Antico Testamento («una pia meditazione basata su testi biblici»[5]). È un'attività che commenta i testi passati nei fatti presenti, oppure illustra i fatti presenti con allusioni bibliche ai fatti del passato. È un uso libero della Scrittura, per meditare sul presente. Non si tratta di un'esegesi in senso stretto, ma di un'applicazione libera sul testo del vangelo, per aiutare la pietà del credente.
- Il *pesher* è un modo di fare l'interpretazione di un testo sacro del passato presentato nella sua realizzazione nelle circostanze presenti;
- L'*apocalisse* ha la finalità d'illustrare come gli avvenimenti che si stanno vivendo siano parte di un grande progetto divino e, quindi, sebbene appaiano incomprensibili, oscuri e persino tristi, siano in realtà parte del piano della vittoria di Dio.

A proposito della *genealogia*: l'autore conosce la storia, ma suppone che i suoi lettori siano persone intelligenti. Non è, quindi, che troveremo errori, ma dati schematizzati, ai quali è stato dato un significato. Vuole mostrare che la nascita di Gesù non è un avvenimento isolato nella storia umana, ma la realizzazione di un disegno di Dio, al quale tutto l'Antico Testamento era ordinato. Di fatto, la continuità di Cristo e dell'Antico Testamento è un *leitmotiv* del vangelo di Matteo.

A proposito dell'ascendenza davidica di Maria, francamente non sappiamo nulla, per quanto alcuni critici, troppo ben intenzionati, abbiano voluto «trovare» certi dati[6]. Non possiamo pensare che la genealogia sia stata un elemento del kerygma della comunità primitiva, ma fu ripresa da Matteo e Luca, e inserita nel loro racconto dell'infanzia, come frutto della loro ricerca storica.

L'affermazione secondo cui il Messia sarà discendente di Davide viene ad essere, dal punto di vista di Maria, il paradosso fondamentale, perché dire che il Messia sarà figlio di Davide equivale a dire che sarà figlio di Giuseppe, discendente di Davide e Maria viene esclusa.

---

[5] C.M. MARTINI, «I Misteri dell'Infanzia di Gesù», 100.
[6] Cfr. J. DANIÉLOU, *Les Évangiles de l'Enfance*, 17.

L'obiettivo del passo della genealogia è spiegare come Gesù possa appartenere alla linea di Davide, se non è figlio di Giuseppe e la spiegazione sta precisamente nel riconoscimento giuridico di Gesù da parte di Giuseppe. Non si tratta, quindi, di difendere il concepimento verginale e questo prova fino a che punto il concepimento verginale sia stato un dato primitivo e incontestato. E sebbene non costituisca il nucleo del racconto, senza di esso, la totalità dell'episodio perderebbe il suo significato. D'altro canto, non c'è nessuna ragione per contestare che l'episodio abbia una base storica, pertanto, lungi dal pensare che siamo davanti a un racconto che sia stato inventato in seguito per giustificare il concepimento verginale, asseriamo che siamo in presenza di un episodio storico che lo presuppone.

La citazione di Is 7 in Mt gioca dunque un ruolo fondamentale perché serve a sostenere l'affermazione essenziale dell'episodio, cioè la filiazione davidica di Gesù. Il contatto tra il tema della *ragazza* (del testo di Isaia) e il concepimento verginale è secondario. La fede nel concepimento verginale non si fonda sul fatto che esso sia il compimento di una profezia, al contrario, si attua un'esegesi cristiana della profezia in funzione del concepimento verginale.

Mentre non pochi esegeti sostengono che nei racconti dell'infanzia vi siano dei miti ai quali si sarebbe data una presentazione storica, succede proprio il contrario: al testo sono essenziali le affermazioni storiche, l'adozione di Gesù da parte di Giuseppe, nonostante il concepimento verginale. E sull'affermazione «Maria conservava tutte queste cose nel suo cuore», potremmo essere di fronte a un'allusione alla fonte storica di Lc: «Luca riconosceva alla base del racconto che ci trasmette i ricordi conservati da Maria e da lei trasmessi alla comunità giudeo-cristiana, da cui Luca li riceve a sua volta dopo la prima elaborazione»[7].

Betlemme è designata due volte come «città di Davide» (2,4.11) e sappiamo che Davide era un pastore di Betlemme. Il racconto della sua scelta lo mostra mentre si prende cura delle greggi di suo padre a Betlemme (1Sam 16,1-13). Perciò, mostrare Gesù che nasce tra i pastori di Betlemme equivaleva a far vedere in lui il nuovo Davide, uscito

---

[7] J. Daniélou, *Les Évangiles de l'Enfance*, 66.

anche lui dai pastori di Betlemme, e destinato ad essere non soltanto pastore di uomini, ma «principe dei pastori» (1Pt 5,4). In questa linea, la mangiatoia potrebbe apparire come un segno, in relazione al tema messianico del pastore uscito da Davide.

La menzione dell'Egitto sarebbe, nel nostro racconto, un ampliamento della narrazione dell'esilio di Giuseppe e di Gesù. L'intenzione di questo ampliamento sarebbe quella di mostrare in Gesù il vero Israele, nella vicenda di colui nel quale è ripresa la storia dell'antico Israele.

Nel nostro testo, Mt cita quattro profezie: Mic 5,1 (Betlemme), Os 11,1 (Egitto), Ger 31,15 (Rama), e alla fine la frase enigmatica «sarà chiamato nazareno» (Nazaret). Le tre caratteristiche di queste citazioni sono:

- la singolarità: non si trovano negli altri vangeli, né nei *Testimonia* primitivi;
- la forma: presentano un testo diverso da quello della versione greca detta dei Settanta. Si tratta di vere creazioni, dove il testo biblico è abbreviato, aumentato, combinato, e questo procedimento corrisponde al genere letterario dei *Testimonia* primitivi;
- i quattro episodi si riferiscono a una *indicazione geografica*.

Se Mt utilizza dati storici o geografici, le sue intenzioni sono fondamentalmente teologiche. A proposito della frase «sarà chiamato Nazareno», di Mt 2,23, va rilevato che essa non si legge in nessun passo dell'Antico Testamento. Sembra trattarsi di un'allusione alla designazione, da parte di vari profeti (Is 11,1; Zc 6,12), del Messia discendente di Davide, tramite l'espressione *nēzer*, che significa «rampollo».

Rispetto ai magi, l'espressione può designare, nel testo matteano, dei Giudei dediti all'astrologia. Troviamo, per esempio, in At 8,9, Simon «mago» e, in At 13,6, il «mago» Bar-Iesus. Tuttavia, il termine «mago» designa di norma un astrologo pagano. Mi sembra interessante quello che propone Daniélou:

Così l'interpretazione pagana dei magi sarebbe nel nostro racconto l'apporto proprio di Matteo. Sarebbe la proiezione sull'infanzia di Gesù di una situazione successiva dove effettivamente in Siria, nell'ambiente per il quale scrive Matteo, si realizzano conversioni nell'ambiente pagano.

Corrisponderebbe anche (questa interpretazione) alla prospettiva dell'insieme del suo vangelo, che contrappone all'infedeltà dei Giudei la conversione delle nazioni (pagane)[8].

L'adorazione dei magi, tuttavia, a differenza del racconto dell'annunciazione, non tocca un aspetto essenziale della fede: potrebbe essere una creazione di Mt, ispiratosi a un'idea teologica, che nulla sconvolgerebbe.

E l'episodio di Gesù con i dottori? È un racconto che appartiene a un genere letterario storico, e risale, in primo luogo, alla testimonianza di testimoni oculari. La testimonianza di Maria è considerata la fonte del racconto, sebbene Lc non lo abbia ricevuto direttamente da lei (fu conservato nell'ambiente giudeo-cristiano e tra i familiari di Gesù)[9]. Una miglior conoscenza dell'ambiente giudaico e la scoperta del posto della famiglia di Gesù nella comunità giudeo-cristiana hanno confermato il valore storico di questi racconti. Lo studio letterario dei vangeli ci ha aiutato a comprendere che la loro composizione s'ispira alla tecnica giudaica della storia. Il loro contenuto dogmatico, in particolare il concepimento verginale, appartiene al nucleo più antico della tradizione apostolica.

Grazie alle ricerche sui racconti dell'infanzia, abbiamo potuto comprendere la differenza circa l'origine tra il materiale sulla nascita e quello che ha a che vedere con il ministero di Gesù. Quest'ultimo proviene dalla testimonianza apostolica, mentre ignoriamo quali furono le testimonianze per comporre i racconti dell'infanzia, come quelli dei magi o della stella. E ci è oramai chiaro che, per Mt e Lc, il momento in cui Dio rivela chi è Gesù non è il battesimo, ma il concepimento e la nascita.

Da notare, in entrambi i racconti, la presenza della contraddizione: sono già un racconto di passione anticipato all'infanzia. In Mt, il re, i sommi sacerdoti e gli scribi sono schierati contro Gesù (Mt 2,4; 26,27) nel tentativo di ucciderlo. In Lc è degno di essere notato anche il tema dell'opposizione a Gesù e quello della persecuzione. Simone identifica Gesù come un segno di contraddizione, posto per la caduta di molti in

---

[8] J. Daniélou, *Les Évangiles de l'Enfance*, 104.
[9] *Ibid.*, 129.

Contemplazione dell'incarnazione

Israele, e come occasione che farà sì che «una spada attraversi l'anima di Maria» (Lc 2,34-35). Ogni evangelista utilizza in tal modo le conseguenze della nascita per introdurre lo stesso motivo della passione e della sofferenza.

Sorprendentemente, l'universalismo del Deutero-Isaia è stato inserito nei racconti dell'infanzia, nel cantico di Simeone: «una salvezza preparata per tutti i popoli» (cfr. Is 40,5; 42,6; 46,13; 49,6; 52,9-10). Nella scena precedente, l'orizzonte di Lc si era mostrato meno aperto: ai pastori era stato annunciato che la buona notizia della nascita del Messia era *per tutto il popolo d'Israele* (2,10-11).

Cosa si contempla nella nascita narrata da Luca? È l'insieme magnifico che lo Spirito Santo apre ai nostri occhi:

Questo stupendo insieme di piccolezza e grandezza, di oscurità e di gloria, di povertà, di debolezza e potenza. È vedere discendere la pace tra gli uomini avvolti nella benevolenza divina: è vedere come il cielo si apre e si unisce alla terra e come la notte risplende con la gloria di Dio, mentre i poveri ricevono la sua fiducia[10].

È quello che già Nadal aveva visto in questo mistero: «Il mistero della natività mostra le cose che sono degne di essere apprezzate e che il mondo detesta: la povertà, la sofferenza. Dio le ha fatte proprie, gli angeli le cantano… La natività di Cristo è la fonte della grazia per l'azione divina nel mondo»[11].

Alla fine, per Mt e Lc, l'allusione alla «vita occulta» deve richiamare la nostra attenzione. È l'allusione alla vita umana di Gesù, alla sua esistenza ordinaria di uomo, consacrata fedelmente «alle cose del Padre». Tramite questo fatto (trent'anni di esistenza ordinaria e salvifica) si manifesta la teologia dell'esistenza umana, semplice, dedita al lavoro, santificante. Eppure, questa realtà si contempla nella vita spoglia di Nazaret. La contemplazione della «vita occulta» è il luogo e la scuola dove s'impara a vivere con Cristo nella vita ordinaria di ogni giorno.

---

[10] D. MOLLAT, «Uso della Sagrada Escritura en los Ejercicios».
[11] P.H. NADAL, *Orationis Observationes*, 66-67.

Per comprendere e presentare adeguatamente queste narrazioni, dobbiamo tenere presente, quindi, che non sono state attestate da una testimonianza ufficiale pubblica della Chiesa primitiva. Non fanno parte del *kerygma*, cosa che non esclude il loro valore storico, solo che questo si fonda su basi differenti da quelle delle narrazioni della vita pubblica di Gesù. Inoltre, queste narrazioni, dal punto di vista letterario, nella concezione di Mt e Lc, costituiscono una specie di prologo alle narrazioni della vita pubblica di Gesù. Gli evangelisti hanno utilizzato (ognuno alla propria maniera) certi ricordi dell'infanzia di Gesù, per unire alla storia d'Israele quello che originariamente formava il *kerygma*, che comincia con il battesimo di Giovanni il Battista e si estende fino all'ascensione del Signore. Questa serie di episodi era l'oggetto della testimonianza apostolica.

Nei manuali tradizionali di teologia (*De Verbo Incarnato* e *De Deo Redemptore*) non si considerarono queste narrazioni *come la fonte più ricca*, forse, *della cristologia* in tutto il Nuovo Testamento. Perciò, più che su qualsiasi fatto storico, dobbiamo insistere con maggior forza sul loro contenuto cristologico, perché lì l'elemento storico non è l'aspetto più importante. L'intenzione degli evangelisti non era dettata dalla curiosità storica; la loro finalità era principalmente cristologica.

Per ricollegarci agli Esercizi Spirituali, tenuti presenti i dati fin qui riferiti, a proposito della dimensione cristologica, come potremmo descrivere *la cristologia* che si viveva *ai tempi di Ignazio*?

Bisogna tenere conto del suo contesto, del tutto diverso rispetto a quello del Nuovo Testamento. I contemporanei di Gesù o coloro che furono vicini a lui, e che elaborarono le cristologie che troviamo nel Nuovo Testamento, ovviamente non poterono neppure immaginare il contesto in cui sarebbe vissuto Ignazio. Gli elementi che innervano la cristologia ignaziana, più che dal rinascimento o dalla controriforma, derivano dal medioevo, che al tempo di Ignazio, si sta concludendo. Quali sono questi elementi medievali?

1. Il fatto di Gesù Cristo non significa più un punto di tensione e conflitto, come era stato nella storia reale. Ora egli è il fondatore di una religione, la quale sembra fondare e giustificare l'ordine stabilito del-

Contemplazione dell'incarnazione

l'Europa Occidentale, ed è il principale fattore di coesione che riduce al minimo ogni conflitto tra cristiani.
2. Questo mondo che si autoproclama cristiano riflette su Dio, in modo particolare nei suoi pronunciamenti ufficiali, con un vocabolario preso in buona misura dalla filosofia greca, adattato sotto l'influsso del pensiero biblico che si trova sia nell'Antico che nel Nuovo Testamento.
3. Nel tempo di Ignazio la profonda e universale devozione nei confronti di Gesù, specialmente di Gesù nella sua passione.
4. Anche se Gesù è il fattore trascendente di coesione del mondo cristiano, il suo nome è usato come protettore delle imprese sia difensive che offensive, mentre il mondo è minacciato da divisioni interne o attacchi esterni. Si va in guerra nel suo nome e si uccide «in difesa della fede», come parimenti si legifera, governa, premia e castiga per le stesse ragioni.

Senza una seria trasformazione del loro contenuto e metodo, di come furono scritti e di come vogliono invece essere proposti attualmente – quanto meno in non pochi casi – gli Esercizi Spirituali ignaziani sembrerebbero contenere una spiritualità basata su una cristologia incompleta o poco in sintonia con la teologia del Vaticano II e, per quanto si può riferire all'America Latina, con i documenti di Medellín, Puebla, Santo Domingo e Aparecida.

La contemplazione ignaziana, rispetto all'azione (*contemplazione nell'azione*), presuppone una *teologia della storia*, cioè una comprensione della fede immersa nei segni dei tempi, così che possa essere contemplata proprio *qui*.

La cristologia degli Esercizi Spirituali è un progresso nel passaggio da una cristologia statica ad un progetto di cristologia dinamica, ma non possiamo pretendere che abbia una visione storica moderna, propria della teologia postconciliare, in dialogo con il mondo secolare.

Contemplare la vita pubblica negli Esercizi Spirituali consiste nel trovare attualmente la Parola pronunciata a me, oggi, attraverso l'indispensabile mediazione di un linguaggio e di una cultura che il passato ci offre, ma quanto successo è presente e dev'essere vissuto nell'oggi. Nella fede è un appello attuale della Parola, accompagnata sempre dallo Spirito.

CAPITOLO VIII
GLI ESERCIZI CENTRALI

1. La contemplazione del Regno

Arriviamo qui al nucleo centrale degli Esercizi Spirituali: «la presentazione più esplicita della persona di Cristo come unico Salvatore e come unico cammino di vita, e della sua sequela come compito fondamentale a cui Dio ci chiama per raggiungere il fine per il quale siamo stati creati»[1]. La chiave per la contemplazione dei misteri della vita di Cristo viene data, nella Seconda Settimana, nei due piloni fondamentali della struttura degli Esercizi Spirituali: la contemplazione del Regno e la meditazione sulle due bandiere. E il fatto che sant'Ignazio abbia messo questi due esercizi come elementi chiave della Seconda Settimana è risultato dalla profonda comprensione del messaggio evangelico a cui era giunto.

L'*Esercizio del Re* [91-98] – dice Rossi de Gasperis – è la contemplazione chiave e il nervo metodologico per la Seconda, Terza e Quarta Settimana degli Esercizi; inoltre è l'*esercizio neotestamentario per eccellenza*. Per convincersi di ciò basta considerare i titoli cristologici che Ignazio menziona in questo esercizio[2].

Il «Re eterno» – la cui meditazione è la porta d'ingresso alla Seconda, Terza e Quarta Settimana, che contengono i misteri della vita, passione, morte e risurrezione di Gesù [101-228, 261-312] – è il Cristo glorioso, con cui l'esercitante s'incontrerà terminando la Quarta Settimana, nella meditazione dell'ascensione [212], cioè il Cristo asceso alla destra del

---

[1] C. SOLTERO, «Regno e Due Vessilli in Matteo e Marco», 103.
[2] F. ROSSI DE GASPERIS, «Ejercicios Espirituales para entrar en el itinerario de la fe biblica», 85.

Padre, che ha già realizzato la sua opera salvifica, costituito come re dell'universo, «eterno Signore di tutte le cose» [98].

Si capiscono gli Esercizi Spirituali a partire da questo appello a cooperare con il «Re eterno» alla piena realizzazione del regno del Padre. Ecco perché il tema della sequela sta in prima fila, come esprime la petizione di questa meditazione: «perché io non sia sordo alla sua chiamata, ma pronto e diligente nel compiere la sua santissima volontà» [91, 2°]. Qui troviamo il fondamento spirituale ignaziano da cui nascerà la Compagnia di Gesù, in questo modo d'intendere la sequela come un essere e un vivere con Cristo, quale appare espressa in questa meditazione del Re eterno. Come ci si aspetta, la risposta a quest'appello è un cambio di vita, manifestato nella libertà affettiva e nella piena disponibilità, nell'offerta totale di se stessi [97]. Si tratta di una meditazione essenzialmente «apostolica», indirizzata a rendere l'esercitante «pronto e diligente» ad ascoltare la chiamata del Signore, il quale cerca collaboratori nell'impresa per instaurare il Regno del Padre suo[3].

Benché nel testo ignaziano la meditazione si sviluppi senza un riferimento esplicito alla Sacra Scrittura, possiamo trovare una presentazione della nozione biblica del Regno di Cristo o della sua chiamata a collaborare con questo Regno in due passi paolini: 1Cor 15,22-28 e 2Cor 5,18-20. Mi sembra, inoltre, molto interessante notare il rapporto che intercorre tra la contemplazione del Regno e la sezione 4,23–9,35 del vangelo di Matteo, per il suo significato cristologico[4]. I versetti 4,23 e 9,35 formano un'inclusione[5] quasi perfetta, in cui le parole chiave, che sembrano riprendere il contenuto e il significato della sezione, sono ripetute fedelmente: «Gesù percorreva tutta la Galilea, insegnando nelle loro sinagoghe, annunciando il vangelo

---

[3] Cfr. S. Lyonnet, «Presentazione biblica della contemplazione del Regno», 41.

[4] Per questa parte seguo il lavoro già citato di C. Soltero, 106ss.

[5] Espediente letterario che consiste nell'indicare l'inizio e la fine di un'unità testuale con la ripetizione di una stessa idea e delle stesse parole, in modo che la tale unità testuale sia racchiusa tra queste ripetizioni. Un'altra caratteristica dell'inclusione è che l'idea o l'espressione che si ripete non solo indica l'inizio e la fine dell'unità testuale, ma esprime altresì, in un certo qual modo, il contenuto e il significato. Possiede anche la funzione che i capitoli hanno nei libri moderni.

Gli esercizi centrali

del Regno e guarendo ogni sorta di malattie e d'infermità nel popolo» (Mt 4,23). I verbi *kerýssō* (predicare) e *therapeúō* (guarire), per la loro posizione e il loro significato, sembrano indicare che Matteo voglia presentare, in questi capitoli, il duplice compito di Gesù: la proclamazione del Vangelo del Regno e l'attività taumaturgica delle sue opere di potenza.

C'è un dato molto significativo per confermare che questa sezione del vangelo può essere considerata la fonte della contemplazione ignaziana del «Re eterno» e, quindi, il mezzo privilegiato per la comprensione ed esposizione di tale contemplazione. Stiamo parlando del primo preambolo che sant'Ignazio premette all'esercizio e cioè la composizione del luogo: «vedere, con la vista dell'immaginazione, sinagoghe, città e borgate attraverso le quali Cristo nostro Signore predicava» [91]. Salta immediatamente all'occhio il rapporto di questo preambolo con Mt 4,23, e soprattutto, con Mt 9,35: «E Gesù percorreva tutte le città e i villaggi, insegnando nelle loro sinagoghe, annunciando il vangelo del Regno e guarendo ogni malattia e ogni infermità». A quanto sembra Ignazio rimanda a tali versetti e alla sezione del vangelo contenuta in essi, come al contesto evangelico concreto della sua contemplazione del Regno. Forse il termine «castelli» è la traduzione della versione latina conosciuta come *Vulgata*: «Et circuibat Jesus omnes civitates et *castella*» (Mt 9,35).

Oltre alla presentazione della persona di Gesù e della sua missione, che trasmette entusiasmo, l'esercizio ignaziano del Re eterno offre un altro elemento essenziale: la chiamata che Cristo, Re eterno, rivolge a tutti gli uomini e a ogni persona in particolare, a prendere parte alla sua missione ed entrare così con lui nella gloria del Padre. Troviamo questo elemento anche nella sezione di Matteo che consideriamo qui, e che si esplicita nel modo in cui i capitoli 5–9 si collegano ai capitoli 10–11.

Questa sezione del vangelo di Matteo, collocata all'inizio dell'attività pubblica di Gesù, lo presenta come il Messia potente in parole e opere, che chiama i discepoli e li manda con il potere che dà loro per collaborare alla sua missione. Sembra chiaro che la presentazione che fa sant'Ignazio della persona di Gesù e della sua chiamata, nella contemplazione del Regno, all'inizio del Seconda Settimana, corrisponde a quella che fa Matteo all'inizio del suo vangelo. Perciò, la forza con cui l'evangelista presenta questa sezione e la ricchezza dei suoi materiali possono essere di grande aiuto per comprendere meglio e assimilare il significato di questa contemplazione.

«L'invio», «la missione», insieme alla «chiamata» e alla «scelta», è un tema centrale nella spiritualità apostolica di sant'Ignazio. Non solo lo visse personalmente, ma, insieme ai primi compagni, come san Francesco Xaverio, lo istituzionalizzò fondando la Compagnia di Gesù, concepita come un ordine essenzialmente apostolico[6].

2. La meditazione delle due bandiere

Per comprendere quello che sant'Ignazio si propone con questa meditazione dobbiamo considerare con cura il *terzo preludio* («chiedere quello che voglio»: 139) e il *colloquio finale*. Il fatto che sant'Ignazio chieda che lo si faccia quattro volte, con il triplice colloquio con Nostra Signora, il Figlio e il Padre [148], ci indica già la sua importanza.

Appartiene al nucleo primitivo di Loyola, quando sant'Ignazio fece l'esperienza della diversità degli spiriti, mentre leggeva la *Vita Christi* e il *Flos Sanctorum* di Jacopo da Varazze[7]. Apparentemente è ancora meno biblica della contemplazione del Regno, ma corrisponde a ciò che l'episodio delle tentazioni di Gesù insegna.

La Sacra Scrittura rappresenta l'opera salvifica di Gesù Cristo con il trionfo su Satana. Questa lotta cominciò con le tentazioni nel deserto e culminò sulla croce e nella risurrezione di Gesù. L'avvenimento delle tentazioni è il primo atto della vita pubblica di Gesù, immediatamente dopo l'investitura messianica del battesimo: è un episodio misterioso, riferito dai tre sinottici (Mc 1,12-13 e paralleli). Dopo il racconto di Genesi, è la prima volta che l'umanità è messa di fronte a Satana, cioè a qualcosa che sta al di là del nostro mondo umano, che aveva trionfato su di noi e che adesso è vinto[8]. Tutta la vita di Gesù è presentata come una lotta contro Satana: sia nella Sacra Scrittura che negli Esercizi Spi-

---

[6] «Il fine della Compagnia è non solo di attendere, con la grazia di Dio, alla salvezza e perfezione delle anime proprie, ma, con questa stessa grazia, di procurare con tutte le forze d'aiutare alla salvezza e perfezione delle anime del prossimo» (*Costituzioni*, Esame, n. 3).

[7] Opera conosciuta come *Legenda Aurea*; sopra, p. 16, nota 10.

[8] Cfr. S. LYONNET, «Presentazione biblica della Meditazione dei due Vessilli», 106.

Gli esercizi centrali

rituali, Satana è essenzialmente l'avversario che si oppone alla salvezza dell'uomo, «il nemico della natura umana» [135].

La vittoria del demonio durante la passione fu soltanto apparente e transitoria. Nell'Apocalisse si parla della sconfitta di Satana (12,9-13). La lotta continua nella vita dei cristiani, perché, come insegna l'Apocalisse, il drago minaccia la discendenza della donna (12,17). Anche san Paolo parla della lotta contra i poteri delle tenebre (Ef 6,12) e ci esorta a rivestirci dell'armatura di Dio (Ef 6,11); altrove afferma che Cristo otterrà il trionfo fino a mettere il Regno ai piedi di suo Padre (1Cor 15,24).

Sant'Ignazio impiega la Parola «Lucifero», che non è biblica. Una sola volta parla del potere degli apostoli per scacciare i demoni [281]; in genere, si riferisce al «maligno», «il nemico» [8 e 12], «l'avversario» [13], ma l'espressione più esatta e più biblica è «il nemico della natura umana» [135]. La narrazione del peccato rappresenta il diavolo come nemico dell'uomo, che per invidia – come dice il libro della Sapienza – fece entrare la morte nel mondo (Sap 2,24). Questo è ugualmente il pensiero del Nuovo Testamento: il diavolo è l'«inimicus hominis» che semina la zizzania nel campo del Padre di famiglia (Mt 13,39); che strappa il seme della Parola di Dio via dal cuore (Mt 13,19), per impedire che siano salvi (Lc 8,12); per ostacolare san Paolo di andare a Tessalonica a consolare i cristiani (1Ts 2,18).

La Sacra Scrittura rappresenta il serpente (il tentatore) come il più astuto degli animali (Gen 3,1), il padre della menzogna (Gv 8,44). Sant'Ignazio segnala la richiesta che si deve fare: conoscenza degli inganni del «cattivo capo» [139], che ammonisce i suoi a gettare «reti e catene» [142]. San Paolo mette in guardia Timoteo contro le reti del diavolo (1Tm 3,7; 2Tm 2,26) e i suoi lacci (1Tm 6,9); agli Efesini denuncia le manovre del diavolo (Ef 6,12); esorta soprattutto i Corinzi a non lasciarsi ingannare dal diavolo (2Cor 2,11), il dio di questo mondo che si traveste da angelo di luce (2Cor 11,14) e cerca di sedurre (2Cor 11,3).

Il profondo contenuto biblico delle tentazioni è l'offerta di un falso messianismo, in cui si propone a Gesù l'ideale di un messianismo temporale e politico, costruito su opulenza, gloria e potere umano. Con tre tentativi Satana vuole impedire che si realizzi il piano salvifico di Dio, proponendo a Gesù mezzi diversi da quelli scelti dal Padre, di efficacia apparente. Gesù vince le tentazioni, preferendo la strada della semplicità, della fiducia in Dio e dell'umiltà: fugge per sempre da quello che era spettacolare e grandioso. Così le tentazioni del deserto sono rimaste come paradigma e testimonianza della vita di Gesù, per i suoi discepoli e per tutta la Chiesa. Durante la vita pubblica le tentazioni si ripeteranno, sia tramite i Giudei (Mt 12,38-40; Gv 6,15), sia tramite gli stessi apostoli (Lc 9,51-55; Mc 8,39 e paralleli).

Mi sembra che nei testi sinottici sulle tentazioni (Mt 4,1-11 e Lc 4,1-13) potremmo trovare l'ispirazione evangelica del «sermone» che tiene il «capo di tutti i nemici» [140] agli «innumerevoli demoni» «[141], che «anzitutto devono tentare con la cupidigia delle ricchezze, come avviene nella maggior parte dei casi, perché più facilmente giungano a vano onore del mondo, e poi a grande superbia; di modo che il primo gradino sia quello delle ricchezze, il secondo quello dell'onore e il terzo quello della superbia, e da questi tre gradini induce a tutti gli altri vizi» [142]. In Luca troviamo le stesse tre tentazioni che in Matteo, sebbene seguano un ordine diverso; ma nei due testi si ha il triplice gruppo delle tentazioni: il pane (beni materiali), i regni della terra, con il loro potere e gloria (l'onore), e il gettarsi dall'alto del tempio (la vanagloria).

3. Relazione con il vangelo di Marco

La sezione di Mc 8,27–10,45 ha come fine quello di *illuminare* i discepoli di Gesù sulla «vita vera che indica il sommo e vero capitano» [139]. Anche in questo testo del vangelo di Marco possiamo trovare una *inclusione*; la sezione è racchiusa tra due racconti di guarigione di ciechi: la prima avvenuta a Betsaida (8,22-26), la seconda a Gerico (10,46-52). A quanto pare, il messaggio dell'evangelista sarebbe che il contenuto compreso tra questi due episodi abbia come tema un processo di guarigione dalla cecità, d'illuminazione dei discepoli.

Nell'episodio della guarigione del cieco di Betsaida (8,14-21), Mc sottolinea l'incomprensione del mistero di Gesù, della sua identificazione da parte dei discepoli. Dopo che questi hanno partecipato a molte delle sue azioni miracolose, Gesù li riprende con un linguaggio d'inusuale durezza: «Non capite ancora e non comprendete? Avete il cuore indurito? Avete occhi e non vedete, avete orecchi e non udite?» (8,17-18)[9].

Gesù apre gli occhi del cieco di Betsaida, come farà con gli occhi dei discepoli, affinché comincino a comprendere il mistero della sua persona e della sua missione. Va notato che questa guarigione non avviene immediatamente e di colpo, ma per fasi successive. Lo stesso avviene con l'illuminazione dei discepoli: sarà un processo che si realizzerà progressivamente, affinché siano capaci di seguire Gesù nel suo cammino, come farà il cieco di Gerico, dopo essere stato guarito.

Il primo risultato dell'illuminazione dei discepoli si trova nell'episodio in cui Pietro, a nome degli altri apostoli, riconosce Gesù come il Messia: «Tu sei il Cristo» (8,27-30). Gesù si apparta dalla moltitudine, per dedicarsi completamente a istruire i Dodici sul significato del suo messianismo: egli è un Messia che realizzerà la sua missione di salvezza attraverso la sofferenza e la morte, per arrivare così alla risurrezione e alla gloria.

Tutta questa sezione (8,27–10,45) si articola sulla base del triplice annuncio della passione, che è seguito, ogni volta, da una manifestazione di incomprensione da parte dei discepoli e da una nuova spiegazione di Gesù su cosa significhi essere discepoli e seguaci del Messia[10].

Nel fatto stesso di trovare questo processo ripetuto tre volte possiamo vedere l'importanza del tema. Siamo davanti a un punto assolutamente decisivo nella rivelazione di Gesù ai suoi discepoli e nella loro formazione che loro ricevono da lui.

Dopo questo processo d'illuminazione dei discepoli, si trova il racconto della guarigione del cieco di Gerico (10,46-52), che simboleggia il risultato ideale del processo: per *seguire* Gesù bisogna *vedere*. Con questa presentazione, si può vedere che l'intenzione fondamentale di sant'Ignazio nella meditazione sulle due bandiere corrisponde profondamente all'essenziale

---

[9] C. Soltero, «Regno e Due Vessilli», 116.
[10] *Ibid.*, 118.

e al significato di questa sezione del vangelo di Marco, come si scopre nel «discorso che Cristo nostro Signore fa a tutti i suoi servi e amici» [146].

Siamo collocati in pieno sul terreno del *discernimento spirituale*, che non è un esercizio di analisi psichica, ma un *esercizio di attenzione e di ascolto dello Spirito divino nell'interiorità dell'uomo, nella vita della comunità e nel mondo*, per conoscere la manifestazione della volontà di Dio in ognuno, nella disposizione della propria vita in ordine alla salvezza e alla missione che il Signore ha affidato a ognuno nella storia della salvezza (cfr. 1Cor 2,1-16; Gc 3,13-18).

Tra gli elementi centrali degli Esercizi Spirituali, il *discernimento spirituale*[11] è l'attività che tiene conto dei due centri generatori del dinamismo esistenziale: il progetto di Dio e gli ostacoli reali che l'esercitante frappone alla sua adesione a tale progetto. Considerando questo lavoro del discernimento, la pedagogia degli Esercizi Spirituali fornisce all'esercitante degli esercizi chiave, che sono come «tappe» da percorrere durante l'itinerario della Seconda Settimana. Perciò si dovrà avere molta cura di non sostituirli con testi della Sacra Scrittura. Comunque, si deve fare molta attenzione a che compiano la stessa funzione di tali Esercizi, se si sceglie di farne una presentazione in modo più biblico, dal momento che è necessario adattarli all'orizzonte teologico e culturale dei nostri giorni. Non si tratta di presentare questi esercizi chiave in modo tale da lasciare la Sacra Scrittura in secondo piano, dal momento che sono in funzione della migliore assimilazione possibile della stessa Scrittura. L'uso attuale della Sacra Scrittura mette in evidenza quanto essa sia una priorità nell'esperienza religiosa cristiana.

Ovviamente, presentando questi esercizi chiave, si deve avvertire che non si tratta di esercizi contemplativi, come quelli riferiti ai misteri della vita di Cristo, in cui si va direttamente ai passi biblici: questi, invece, servono per *andare al nocciolo della questione*.

4. La trasfigurazione

Collocato ancora nella Seconda Settimana, il mistero della trasfigurazione prepara l'esercitante alla Terza: è presentato dai tre sinottici.

---

[11] Su questo tema, cfr. C.W. Pires, «L'uso della Sacra Scrittura negli Esercizi», 35.

Gli esercizi centrali

Sant'Ignazio, come d'abitudine, preferisce Matteo (forse perché è l'evangelista più utilizzato nella liturgia). Il contesto è l'imminenza della passione, e Gesù vuole preparare gli apostoli facendosi conoscere meglio a loro. La contemplazione di questo mistero può aiutare anche l'esercitante ad accettare la croce come condizione necessaria nella sequela di Gesù.

Come nel battesimo, il centro della narrazione è la voce del Padre: qui si aggiunge l'ordine di ascoltare Gesù. L'esperienza dei discepoli, che videro i segni della divinità nell'umanità di Gesù, diventa normativa per l'esercitante. Il linguaggio è apocalittico: si parla di realtà escatologiche e celesti. Contemplando la gloria di Gesù, l'esercitante è portato a contemplare il suo fine, che è la gloria di Dio.

La presenza dei grandi profeti, Mosè ed Elia, significa che la profezia di Gesù, la quale si riferisce alla sua morte e risurrezione (Mt 16,21), obbedisce alle Scritture, al progetto salvifico di Dio (Lc 24,45-46). Gesù apre l'intelligenza dell'esercitante, come ai discepoli di Emmaus, per aiutarlo a capire le Scritture e vedere che il mistero pasquale, facendo parte del piano di Dio, deve entrare anche nella sua vita.

Non sono necessarie «tende» per prolungare la presenza di Gesù: mediante la fede, lo scopriamo nei fratelli e nelle creature. La nube è segno della presenza di Dio (Es 40,34-35; 1Re 8,10-11; 2Mac 2,8). Per noi la «nube» è l'umanità di Gesù. Il nucleo di questo passo della tradizione sinottica è che la speranza d'Israele è realizzata in Gesù, il grande profeta che dobbiamo ascoltare.

CAPITOLO IX
TERZA SETTIMANA

Giunti alla Terza Settimana, si raggiunge il cuore del Vangelo, il punto centrale della buona notizia di salvezza in Gesù Cristo: la sua morte e (nella Quarta Settimana) la sua risurrezione. Sebbene i misteri siano divisi in due parti (Terza e Quarta Settimana), per la loro contemplazione, nella narrazione evangelica, come sappiamo, formano un'unità. Commentando queste Settimane, la Terza e la Quarta, J. Alfaro dice:

> La morte e la risurrezione di Cristo appaiono così come due momenti interni all'incarnazione, cioè il «farsi uomo» del Figlio di Dio (facendo sua la nostra esistenza mortale) e la divinizzazione della sua umanità. La *theologia crucis* e la *theologia gloriae*, la cristologia discendente e quella ascendente, sono inseparabilmente unite. Così gli Esercizi indicano sobriamente il nesso interno tra la morte e la risurrezione di Cristo[1].

La contemplazione frequente della passione e morte di Gesù, per arrivare alla configurazione con lui, racchiusa nella sua sequela, era una convinzione molto viva, fin dal basso medioevo. Il Crocifisso, uomo dei dolori, è stato un tema centrale della religiosità popolare e della spiritualità cristiana. Lo stesso libro degli Esercizi Spirituali esprime, per esempio, la devozione alle piaghe di Cristo nella conosciuta preghiera *Anima Christi*, che troviamo all'inizio del libro e che è raccomandata in diversi colloqui [63, 147, 253]. Il realismo della passione crescerà sempre più in modo tale che sarà esagerato in vari aspetti e si cadrà in sentimentalismi. Ma l'autentica contemplazione della passione ha molto presente la vittoria di Cristo sulla morte, la passione come

---

[1] J. ALFARO, «Teología de los misterios de la vida de Cristo», 186.

parte del mistero pasquale, tema della Terza e Quarta Settimana degli Esercizi Spirituali. Qui si arriva al centro del mistero di Cristo: soffrire e morire con Lui, per risuscitare in tal modo con Lui.

Quello che si cerca nella contemplazione della passione, lungi da un sentimentalismo devoto, è l'identificazione con Cristo, per arrivare a partecipare esistenzialmente alla sua realtà salvifica. Perciò, al triplice passo (*lectio, meditatio, oratio*) si aggiunge adesso la *conformatio*, cioè un intensificare gli aspetti esperienziali[2]. La contemplazione del mistero della vita di Cristo conduce a una sequela progressiva di Cristo, che culmina nella sua passione, morte e risurrezione. Si tratta di un progressivo superamento del proprio egocentrismo, per avvicinarsi a un amore disinteressato del Signore.

Siamo davanti a una nuova situazione, che ci richiede *un cambio significativo di atteggiamento* nell'accostarci al Signore. Si tratta di un radicale riorientamento della propria relazione personale con Lui. Non soltanto per la materia (l'oggetto della nostra contemplazione cambia dalla vita pubblica di Gesù alle sue sofferenze), ma anche perché l'esercitante deve cercare di superare l'amore incentrato su di sé, atteggiamento tipico della Seconda Settimana, e cominciare *ad amare Gesù con l'amore più puro dell'amicizia*. Questo è di primaria importanza per l'esito degli Esercizi Spirituali: l'esercitante chiede di avanzare verso un amore più alto, più disinteressato. Ora deve cercare di *amare Cristo per se stesso*, e di arrivare così a un'amicizia genuina. Sant'Ignazio ci raccomanda di chiedere la grazia della simpatia, della compassione, la capacità di soffrire con Cristo, come in seguito dovremo fare, chiedendo, rispettivamente, la grazia di rallegrarci con Cristo risorto.

In questo momento, siamo posti dinanzi al mistero pasquale. L'esercitante è invitato a percorrere il cammino del popolo di Dio chiamato alla conversione, all'alleanza con Dio, sentendosi parte della storia della salvezza: in lui deve svegliarsi il fascino per la libertà. Il Signore lo guiderà, mediante la sua conversione, alla terra promessa: è uno schiavo bisognoso di liberazione. Il mistero pasquale gli si presenterà come *mistero di compassione e di amore*, partendo dall'ispirazione di Es

---

[2] Cfr. R. García Mateo, *El misterio de la vida de Cristo*, 208.209 (nota 2).

3,7-9: lo schiavo si sa amato e sulla via della liberazione. Grazie alla Pasqua di Cristo, l'umanità, di cui facciamo parte, è stata riconciliata (2Cor 5,19).

Lo sviluppo previo degli Esercizi Spirituali va diretto, come un'iniziazione progressiva, proprio verso la Terza e Quarta Settimana: la morte e risurrezione di Gesù. L'esercitante entra nella Terza Settimana come in un mistero, quello dell'atto redentore di Gesù Cristo, «consegnato per i nostri peccati e risuscitato per la nostra giustificazione» (Rm 4,25).

La contemplazione della passione, lungi dall'essere uno spettacolo che si contempla da fuori, aiuta l'esercitante a tornare alla sua origine cristiana, che è stata segnata con il sangue di Gesù. Questa contemplazione si connette esplicitamente alla vita sacramentale, soprattutto con il battesimo e l'eucaristia. Troviamo qui l'inizio della sapienza cristiana, perché qui acquisiamo conoscenza «reale» (opposta a «nozionale») del piano di Dio rivelato all'uomo (1Cor 2,6-16). Qui sarebbe il punto dove dovremmo cominciare la *contemplatio ad amorem* o – per usare una frase ignaziana – dove dovremmo imparare la pratica del *terzo grado di umiltà*. Ciò che dà a questo atteggiamento la sua caratteristica specifica è il *con Cristo*.

Nelle lettere paoline troviamo espressioni che diventano elementi distintivi del suo vocabolario tecnico, teologico. Si tratta di verbi composti, forse cognati dallo stesso Paolo. Si distinguono perché iniziano con la preposizione greca *syn-* (= con): soffro *con Cristo*; sono crocifisso *con Cristo*; sono sepolto *con Cristo*; sono risorto *con Cristo*; sono seduto *con Cristo* alla destra del Padre. Paolo sottolinea così la necessità della mia partecipazione personale alla redenzione. In un certo qual modo, devo assimilare, sperimentare gli eventi principali in virtù dei quali Cristo mi ha salvato. Prima che Gesù passasse attraverso la morte, questa significava semplicemente separazione dal Dio dei vivi, e conduceva così alla situazione miserabile dello Sheol: non per nulla il salmista chiede di essere liberato dalla morte. Tuttavia, il passaggio di Gesù attraverso la morte ha reso possibile al credente un'esperienza cristiana totalmente nuova.

Le contemplazioni della passione devono tener presente che i racconti della passione furono composti alla luce dell'esperienza del mistero pasquale. Gli scritti sulle sofferenze e sulla morte di Gesù devono essere compresi *alla luce della sua risurrezione*. Gli apostoli furono capaci di creare il kerygma, la predicazione primitiva (dove s'includeva, ovviamente, la buona notizia della morte di Gesù), attraverso la loro fede pasquale, sotto l'impulso dello Spirito di Pentecoste. Non per niente nel Nuovo Testamento la parola *Vangelo si applica in primo luogo alla predicazione apostolica*. Soltanto *in un passo successivo* e *in un significato derivato* il termine è riferito alla predicazione di Gesù durante il suo ministero pubblico. Sebbene sant'Ignazio le abbia separate, non dobbiamo dimenticare che *la passione e la risurrezione sono realmente inseparabili*. La separazione è più metodologica che reale.

Possiamo scoprire che l'intenzione degli evangelisti è quella di coinvolgere il lettore personalmente nella storia, mentre la percorre: fanno in modo infatti che, man mano che la storia avanza, il lettore si lasci coinvolgere sempre più negli episodi che contempla, venendo aiutato a offrire personalmente se stesso al Signore Gesù.

Quando Gesù, la vigilia della sua passione, dà ai suoi discepoli *un comandamento nuovo* (Gv 13,34), non usa la parola *neós*, come nel caso del *vino nuovo*, contrapposto al vino invecchiato, ma *kainós*, per significare qualcosa di insolito, inaudito (senza precedenti): indica qualcosa che interrompe il corso ordinario dei fatti; implica un nuovo inizio, qualcosa di radicale, che presuppone un atto creatore di Dio. La *nuova* alleanza e il comandamento *nuovo* richiedono l'uso di *kainós*. Si tratta di un inizio creatore di Gesù Cristo, il quale promulga questo *nuovo* comandamento proprio inaugurando la *nuova creazione*, nella sua morte e risurrezione. Non cessa di sorprendere il fatto che *Egli non parla del nostro amore a Dio, ma dell'amore agli altri esseri umani*: «Nessuno ha un amore più grande di questo – dichiara Gesù – dare la sua vita per i propri amici» (Gv 15,13). Questo nuovo comandamento, annunciato nell'ultima cena, costituisce una parte essenziale della nuova alleanza:

> *L'Eucaristia è lo strumento per fare l'alleanza: attraverso di essa si dà agli uomini il potere di amarsi gli uni gli altri. In questo comandamento non si dice esplicitamente nulla riguardo all'amore a Dio. Eppure, attraverso di esso Gesù fornisce all'umanità la soluzione al suo problema di mutuo scam-*

bio, che è l'essenza dell'amore. Egli ci dice che *c'è qualcosa che possiamo dare a Dio: il nostro amore gli uni per gli altri*[3].

1. Il quarto vangelo e gli Esercizi Spirituali

Non è raro paragonare sant'Ignazio a san Paolo, ma con san Giovanni? Il ritrovare dettagli comuni tra gli Esercizi Spirituali e il quarto vangelo induce a interrogarsi sulla opportunità di tale paragone. Quali sono le peculiarità comuni che troviamo nei due libri, le quali ci aiutano a comprendere la loro somiglianza?

1.1. Il vocabolario

Un dettaglio comune a san Giovanni e a sant'Ignazio è l'uso del verbo. Sant'Ignazio descrive gli Esercizi Spirituali con verbi di azione:

> Con questo termine «esercizi spirituali» s'intende ogni modo di *esaminare* la coscienza, *meditare*, *contemplare*, *pregare* vocalmente e mentalmente, e altre attività spirituali [...] tutti i modi di *preparare* e *disporre* l'anima a *liberarsi* da tutti gli affetti disordinati [...] e *cercare* e *trovare* la volontà divina [1].

Lo stesso avviene quando cerca di dare una definizione: la contemplazione del Regno, il terzo grado di umiltà, la consolazione. Questo è forse il caso più tipico: «Chiamo consolazione quando nell'anima si produce qualche mozione interiore, con la quale l'anima viene a infiammarsi nell'amore del suo Creatore e Signore; e, di conseguenza quando nessuna cosa creata sulla faccia della terra può amare in sé ma solo nel Creatore di tutte» [316, terza regola del discernimento della Prima Settimana). Il vocabolario di Giovanni, invece, sembrerebbe lasciare sconcertati, perché arriva a nozioni come *verità*, *vita*, *gloria*, *giudizio*, *testimonianza*, *luce e tenebre*, *carne e spirito*. Tuttavia, questo modo di esprimere il mistero di Cristo dimostra una grande capacità di riflessione e di sintesi. Se osserviamo questo punto con attenzione, ci

---

[3] D. STANLEY, *A Modern Scriptural Approach*, 224.

La Parola nel dinamismo ignaziano

rendiamo conto che il contenuto di queste nozioni è sempre concreto. Il verbo predomina sul sostantivo.

Se paragoniamo Giovanni a Paolo, noteremo che Giovanni non dice come Paolo che Dio ha dato all'uomo la rivelazione, la conoscenza, la filiazione divina, la libertà, la rigenerazione, l'unità. Trattando dell'iniziativa divina rispetto all'uomo, Giovanni dice che Dio *manda, dà il suo unico Figlio,* che il Verbo *si fa carne,* che il Figlio *libera...* Cristo non dà l'unità: *muore «per riunire i figli di Dio che erano dispersi»* (11,52). Se si tratta della risposta dell'uomo all'iniziativa divina, Giovanni non utilizza la parola astratta *fede,* ma il verbo *credere* (98 volte). Soltanto una volta troviamo *pístis,* fede in 1Gv 5,4. Invece di *gnōsis* (conoscenza), Giovanni usa il verbo *conoscere.* Poche volte usa il sostantivo *agápē* (amore); più volte usa il verbo *agapáō* (amare). Possiamo descrivere la vita spirituale, secondo san Giovanni, con i verbi: *riconoscere, vedere, accogliere, venire, seguire, credere, osservare, conoscere, amare, rimanere, potere* ecc.

Giovanni non è uno speculativo, come non lo sarà nemmeno Ignazio: è un vero teologo, per l'unità vigorosa della sua visione, per la potenza della sua cosiddetta *concentrazione cristologica.* Invece di costruire un sistema concettuale, *dà testimonianza!* E testimonia un'esperienza spirituale che vuole condividere. Il suo vangelo cerca di suscitare il cammino di fede.

1.2. La formula «cercare e trovare»

La formula *cercare e trovare,* così frequente in sant'Ignazio (a proposito della volontà di Dio), si trova ovviamente in san Giovanni: «Cosa cercate?» (1,38). L'oggetto della ricerca è di solito Gesù: «Abbiamo trovato il Messia» (1,41) o, come dice Mollat, la volontà del Padre:

Il Cristo giovanneo vive nella ricerca costante della volontà del Padre. Questa espressione «cercare la volontà» significa in senso forte desiderare di conoscere e volere compiere alla perfezione. Implica, come dice bene Wescott, «negare ogni ambizione personale», rinunciare a ogni mira egoistica e, positivamente, consacrarsi radicalmente alla volontà del Padre, cioè all'opera affidata dal Padre (6,38-40)[4].

---

[4] D. Mollat, «El Cuarto Evangelio y los Ejercicios de san Ignacio», 6-7.

Il vangelo di Giovanni, in particolare la sua cristologia, ci aiuta a definire l'obiettivo proposto dagli Esercizi Spirituali, nel Principio e Fondamento. La vita di Cristo è presentata come l'esistenza umana vissuta in riferimento assoluto a Dio, suo inizio e suo fine. Cristo si nutre della volontà del Padre che lo ha mandato (4,34): lo troviamo assolutamente identificato con la sua missione. E quando arriva alla passione, questo riferimento totale a Dio, come suo Padre, si manifesta nella sua radicalità.

1.3. *L'importanza data alla decisione per Cristo*

Gli Esercizi Spirituali portano l'esercitante a un impegno incondizionato al servizio di Cristo il Signore. In questo punto il progetto ignaziano trova, nel vangelo di Giovanni, un forte sostegno. Per il quarto vangelo, credere in Cristo significa l'impegno fondamentale, che ha una portata escatologica, in virtù della quale l'uomo definisce il suo destino: luce o tenebre, vita o morte (Gv 3,35). Tale decisione indica una rottura con ciò che riduce l'uomo in schiavitù a favore delle tenebre, della menzogna, del mondo, della morte. Si tratta di una rinuncia alle false sicurezze della carne, inclusa quella del sapere. «A partire da questa rinuncia – sostiene Mollat – la fede è una nascita dell'uomo nello spirito; un ricominciare nello Spirito e nella Verità (4,23)»[5].

Il Cristo, per il quale il credente si decide, secondo Giovanni, è il Cristo povero e umile, il Verbo fatto carne, che così fa sua *la nostra debolezza* (è il significato giovanneo della parola *carne*), la precarietà, la mortalità, la povertà della condizione umana. Il vangelo di Giovanni impiega, più di chiunque altro, il titolo *Gesù di Nazaret*. È l'unico che lo utilizza per l'iscrizione della croce, «*Gesù Nazareno, il re dei Giudei*» (19,19):

> In Giovanni, come in Ignazio, il tema della *regalità di Gesù* occupa un posto importante. Nel vangelo di Giovanni, tale regalità si afferma fortemente *nella passione*; ma è la regalità di un Cristo disarmato. Nel confronto con i più alti poteri politici e religiosi, *la sua unica arma è la verità*. Questo re disarmato è veramente il re povero e umile. Giovanni vede il Cristo

---

[5] *Ibid.*, 9.

aureolato di gloria divina e regale nelle peggiori umiliazioni della passione[6].

Ignazio cerca di condurre l'esercitante proprio a questa visione tramite il terzo grado di umiltà. Dovrà cambiare in modo tale che, contro l'onore del mondo, scoprirà nella passione, nella povertà di Cristo, la vera ricchezza; negli obbrobri di Cristo, la vera gloria; nella sua umiltà, la vita vera; nel suo apparente fallimento e nella sua morte, la manifestazione della sua regalità. Così si spiega perché Giovanni veda nella passione *il giudizio di questo mondo* e *la sconfitta del principe di questo mondo* (Gv 12,31). Perciò, l'opzione per Cristo è allo stesso tempo l'opzione per la povertà e gli obbrobri di Gesù.

1.4. Dualismo giovanneo e dualismo ignaziano

Spicca quanto sia importante il cosiddetto *dualismo giovanneo* se lo si paragona a quello degli Esercizi Spirituali, ai due campi, alle due bandiere, ai due spiriti. Sia Giovanni che Ignazio hanno *una visione drammatica della storia della salvezza*. Da questa visione drammatica della storia (l'uomo si trova coinvolto in un *immenso dramma spirituale*) deriva il bisogno di un discernimento, che gioca un ruolo fondamentale, sia negli scritti giovannei (Gv 5,44; 9,22; 12,2-4; 5,41; 7,7) che negli Esercizi Spirituali.

Il vangelo di Giovanni ha un carattere *profondamente personale*: in tutte le sue pagine troviamo *incontri* e *dialoghi con Cristo*. Per il discepolo, l'incontro con Gesù è un'esperienza che rischiara il cielo e trasforma la vita. E ora sappiamo che l'incontro e il dialogo personale con il Signore sono uno dei tratti caratteristici degli Esercizi Spirituali.

Tra i punti in cui vediamo con maggior chiarezza il rapporto tra sant'Ignazio e la tradizione giovannea vi sono: la contemplazione dei misteri della vita di Cristo e l'applicazione dei sensi. La spiritualità giovannea ha, come una delle sue peculiarità, l'utilizzo del *linguaggio sensoriale* per esprimere l'esperienza della comunione con Dio in Cristo, nella logica dell'incarnazione:

---

[6] D. MOLLAT, «El Cuarto Evangelio y los Ejercicios de san Ignacio», 10.

Il verbo si rende visibile, prossimo, palpabile; è per la via dei sensi che la rivelazione viene agli uomini e la vita divina è comunicata loro. Per questa via, essi la ricevono e la accolgono. Due significati sono privilegiati: «vedere» e «ascoltare»[7].

Il vangelo di Giovanni è una vera scuola di contemplazione concreta, una pedagogia del vedere, ascoltare, toccare, gustare, sentire nello Spirito e nella Verità. Più che elaborare una dottrina sui sensi spirituali, l'autore pone i *fondamenti per la sua dottrina dell'incarnazione*. Da quando il Verbo si è fatto carne, la rivelazione raggiunge l'uomo attraverso tutti i suoi sensi: «L'uomo, rinato nell'acqua e nello Spirito, vede, ascolta, tocca, gusta, respira nello Spirito santo. Su questo punto sant'Ignazio è veramente alla scuola giovannea»[8].

Sia per Giovanni che per Ignazio l'amore, l'*agápē*, è l'inizio («Dio ha tanto amato il mondo...»: Gv 3,16) e il fine (cfr. la preghiera sacerdotale: «perché l'amore con il quale mi hai amato sia in essi e io in loro», Gv 17,26). L'amore è la fonte, l'oggetto e il termine della rivelazione: il suo punto focale è la persona di Gesù. E a proposito della contemplazione per giungere ad amare, le nozioni giovannee sono le seguenti: il dono, la presenza, l'azione, l'effusione della fonte. Dio è l'amore che dà, che si rende presente e rimane (inabita), entra in alleanza, agisce: è l'amore che si comunica ed espande.

2. La passione secondo san Giovanni

Il materiale precedente ai nostri vangeli canonici fu composto da *narrazioni liturgiche* dell'atto centrale della redenzione umana, punto focale del kerygma primitivo. La narrazione di questo fatto cominciava con l'istituzione dell'eucaristia nell'ultima cena, continuava poi con la narrazione delle sofferenze e della morte di Gesù, per giungere infine all'apice trionfante con l'annuncio della sua risurrezione.

Fin dall'inizio del cristianesimo, la Chiesa contemplò sempre la passione di Cristo alla luce della sua risurrezione. Pertanto, la passione e

---

[7] D. MOLLAT, «El Cuarto Evangelio y los Ejercicios de san Ignacio», 15.
[8] D. MOLLAT, «El Cuarto Evangelio y los Ejercicios de san Ignacio», 16.

la risurrezione costituiscono due fasi o due aspetti dell'unico evento salvifico nella storia sacra cristiana. Nonostante questa consapevolezza rivelata dagli autori del Nuovo Testamento, il carattere indivisibile della morte e risurrezione di Gesù non è stato compreso dalla mentalità moderna occidentale. In Paolo troviamo, per esempio, la formula lapidaria che contiene il nucleo della tradizione apostolica: «Cristo morì per i nostri peccati secondo le Scritture e fu sepolto ed è risorto il terzo giorno secondo le Scritture» (1Cor 15,3-4). Ogni volta che Paolo formula il fatto, salvaguarda questa unità, per esempio, in Rm 4,25: «è stato consegnato alla morte a causa delle nostre colpe ed e stato risuscitato per la nostra giustificazione». La celebrazione eucaristica stessa, come la predicazione, è una proclamazione della morte e risurrezione di Cristo, «il Signore». Nello stesso vangelo di Marco, scritto sotto la prospettiva della storia di una tragedia, la risurrezione di Gesù è vista come parte essenziale della narrazione. Anche per quegli esercitanti che dovranno abbreviare il tempo dedicato alle contemplazioni delle sofferenze di Cristo, Ignazio prescrive che dovrebbero dedicare un giorno intero alla contemplazione dell'insieme di esse [209].

L'autore del quarto vangelo offre un'interpretazione profondamente teologica di questa storia lacerante e, rispetto ai tre sinottici, sembra essere più vicino agli avvenimenti che registra[9].

Il tema teologico principale nella composizione della storia della passione del quarto vangelo è *la rivelazione definitiva del regno di Gesù Cristo*. È il passo iniziale del ritorno di Gesù al Padre, l'inizio della sua esaltazione (il suo *essere innalzato*), nonché l'inaugurazione della sua gloria. Questa è senza dubbio una delle intuizioni più caratteristiche dell'autore del vangelo di Giovanni: percepire che la glorificazione di Gesù comincia non con la domenica di Pasqua, ma con la passione del venerdì santo (Gv 17,1; 13,31-32). Avvertiamo, nel vangelo di Giovanni, l'importanza che l'autore attribuisce alla concezione di Cristo come re, molto in

---

[9] «I racconti giovannei sono "di prima mano" in un modo che le narrazioni sinottiche non lo sono; i primi non hanno subìto il processo di standardizzazione e ripetizioni orali che tendevano a spogliare il materiale sinottico di dettagli non essenziali» (R.A.F. MACKENZIE, *Introduction to the New Testament*, 30).

concreto, nella narrazione della passione. Ricordiamo immediatamente la sentenza inchiodata sulla croce, una proclamazione al mondo, in tre lingue, quindi, universale, della regalità di Gesù (Gv 19,19-20).

Nel processo di Gesù davanti a Pilato, l'autore porta avanti questo tema del Regno, drammaticamente, e colloca, con molta cura, questo episodio al centro di tutta la narrazione. Nel dialogo di Gesù con il procuratore romano, l'autore definisce con molta precisione il significato delle prerogative regali del Signore. Se l'autore omette la descrizione del giudizio formale davanti al Sinedrio, è, data la sua intenzione teologica, per richiamare l'attenzione sulla solenne udienza concessa da Pilato. Questa scena è quella che influisce profondamente sulla sua presentazione di tutta la passione. Non tanto *i Giudei*, ma Pilato è visto come lo strumento della divina provvidenza per la salvezza dell'umanità. Il dialogo tra Gesù e Pilato è collocato in due sezioni, segnalate dalla flagellazione e dall'incoronazione di spine. Questo incidente umiliante e doloroso, che offre un esempio impressionante dell'ironia giovannea, aiuta a evidenziare il tema dominante della regalità di Gesù.

La domanda di Pilato «Cosa è la verità?» è di tale importanza che alcuni arrivano ad affermare che è *la domanda principale posta da Giovanni in tutto il vangelo*[10]. Nel vangelo di Giovanni la verità è una realtà esistenziale, qualcosa che si vive, che si fa (Gv 3,21). In questo momento, apice della proclamazione del regno di Gesù, riappare *la madre di Gesù* per la prima volta dall'episodio di Cana e farà l'enorme sacrificio di scambiare suo Figlio con *il discepolo che Gesù amava*, il quale rappresenta il corpo del cristiano fedele. Come se la sua maternità divina non fosse sufficiente nel piano del Padre, Maria deve diventare anche la madre della Chiesa (Gv 19,25-27).

---

[10] D. STANLEY, *A Modern Scriptural Approach*, 259.

CAPITOLO X
QUARTA SETTIMANA

Nelle contemplazioni di questa Settimana si cerca ancora *l'amore spirituale di amicizia*: si deve amare il Signore per quello che è. È lo stesso obiettivo della Terza Settimana. E, sebbene si tratti di una continuazione, in quest'ultima Settimana, ci devono essere già dei cambiamenti significativi nella tecnica [226-229]. In queste contemplazioni l'approccio è nuovo: si deve considerare il nuovo compito di *consolatore* del Signore risorto [224].

Sebbene nella presentazione ignaziana la morte e la risurrezione di Gesù siano separate in due settimane, non dobbiamo dimenticare che si tratta di due facce dello stesso mistero pasquale: il *transitus Domini*. In realtà, *la morte, risurrezione, ascensione, esaltazione e invio dello Spirito Santo*, sebbene si presentino separati nel mondo spazio-temporale, costituiscono *un unico avvenimento salvifico*, l'oggetto principale della fede cristiana. Nella teologia la risurrezione del Signore non ricevette l'attenzione che avrebbe meritato, fino a relativamente poco tempo fa. Questa lacuna è stata colmata, in buona parte, con la promulgazione della Costituzione sulla sacra liturgia nel Concilio Vaticano II, in cui si enfatizza l'influsso dinamico della risurrezione di Cristo sulla vita del popolo di Dio.

Il Signore, già esaltato, continua a mostrarsi come uomo e ha deciso di conservare la propria umanità per tutta l'eternità. In virtù dell'insegnamento del *credo apostolico* affermiamo la contemporaneità continua del Signore Gesù e la sua umanità totale e permanente, la quale ci aiuta a ricordare che *la nostra prima vocazione consiste nel diventare pienamente umani*. Ecco perché denunciamo come falsa ogni spiritualità che tende a disumanizzarci. La buona notizia di Cristo risorto, che continua ad essere umano, consiste nell'annuncio che Cristo, Signore della storia, lo si trova non separandosi dal mondo, ma *nell'ambiente quotidiano delle nostre esperienze umane, anche le più banali*. Il Signore risorto mi viene incontro nella mia situazione esistenziale.

Se gli Esercizi Spirituali non suscitano nell'esercitante la fede in Cristo risorto, presente nella sua esistenza umana così com'è, nel concreto di ogni giorno, come un inizio di vita, una forza, una luce, non daranno il loro frutto pieno. Cristo risorto è il Cristo vivo, presente e attivo in mezzo a noi. Come raggiungere questo obiettivo? Con l'aiuto della Sacra Scrittura, come fecero i cristiani della prima generazione, contemporanei alla redazione dei vangeli.

Il testo che parla più esplicitamente della presenza incessante di Cristo risorto tra i suoi è Mt 28,20: «Ecco, io sono con voi tutti i giorni, fino alla fine del mondo». La frase evoca numerosi passi dell'Antico Testamento, per esempio, la formula «io sono con te», usata da Dio stesso, in cui promette la sua assistenza, il suo aiuto, la sua protezione, la sua presenza, rispetto a un uomo o a un gruppo, in relazione con l'adempimento della missione che gli è affidata. Ciò che richiama l'attenzione nella promessa di Gesù, paragonandola con quella dell'Antico Testamento, è l'immensità della prospettiva: l'assistenza di Gesù non ha limiti.

Altri testi cercano di spiegare anche il modo della presenza del Risorto. Per esempio, il vangelo di Giovanni, nel capitolo 14: Gesù, la vigilia della sua morte, sul punto di lasciare i suoi, rattristati, e di ritornare al Padre suo, promette loro che andrà a preparare un posto per loro e ritornerà per portarli con lui (sta annunciando le apparizioni pasquali?).

Bisogna tenere presente che la visione del Risorto non è di ordine puramente sensibile. Si tratta di una scoperta di ordine spirituale e interiore; la rivelazione si approfondisce quando si passa da una speranza che sembrava lontana («verrò di nuovo e vi prenderò con me»: Gv 14,3) alla sicurezza di una presenza attuale del Risorto, specialmente insieme ai suoi che lo contempleranno vivo, e dopo in loro stessi come l'inizio di una vita nuova. L'assenza stessa di Gesù diventa una presenza più intima e più perfetta di Lui con i suoi, in una manifestazione più piena della sua personalità divina.

L'apparizione a Maria Maddalena ci insegna come si può incontrare, toccare e vivere della vita di Cristo risorto: nella Chiesa, con la fede, mediante i sacramenti, come insegna anche l'episodio di Emmaus, dove si aggiunge pure il sostegno della Scrittura.

Paolo, che approfondisce questo tema teologico, svolge il suo insegnamento sulla presenza del Risorto su tre piani: *personale, apostolica e comu-*

nitaria, cosmica. Sul piano personale, l'esperienza fondamentale di Paolo fu l'incontro con Cristo sulla strada per Damasco. Qui l'esistenza di Paolo conobbe una svolta definitiva: fu per lui come l'alba di una nuova creazione. Tutto il suo essere personale fu investito dalla rivelazione di una presenza santa di fronte alla quale restò come fatto a pezzi. A partire da quel momento, Paolo è strappato da sé stesso in modo tale che ora non vive per sé, ma totalmente al servizio del Risorto. Il suo amore «lo afferra da dentro» (2Cor 5,14) e rimane sotto il dominio di quell'amore che si è impadronito di lui. La presenza del Risorto è totale: invade tutto il suo orizzonte. Paolo non ha altra speranza che «essere con Lui» (Fil 1,23). Per lui, la presenza trasformante di Cristo è ciò che definisce il cristiano (2Cor 3,18).

Sul piano apostolico e comunitario, Paolo sperimenta una sovrabbondanza di forza in mezzo alla sua debolezza (2Cor 4,10; 5,4-5). Paolo trova la presenza del Risorto tra i fedeli nel lavoro dello Spirito dentro le comunità e nel suo cuore. Sullo stesso piano cosmico, Paolo scopre la presenza del Risorto come una realtà, come un fermento che agisce nel mondo intero. Dio ha deciso di ricapitolare tutto in Cristo Gesù, non solo gli uomini, ma anche tutto quello che c'è in cielo e sulla terra.

1. Le contemplazioni della Quarta Settimana

Si tratta di contemplazioni delle *apparizioni* di Cristo, dopo la sua risurrezione. I racconti evangelici di queste esperienze si dividono in due generi: le apparizioni agli *Undici*, che avrebbero formato il collegio apostolico nella Chiesa cristiana primitiva; e quelle compiute in favore di quelli che, sebbene non furono testimoni ufficiali della risurrezione, *stettero molto vicino al Signore, affettivamente*.

Il significato principale delle esperienze di Cristo risorto, per il gruppo apostolico, sta nella nascita e maturazione graduale della fede cristiana. Senza un incontro maturo con Cristo risorto, siamo incapaci di percepire il carattere pasquale della fede cristiana. Già le prime generazioni cristiane, contemporanee alla redazione dei vangeli, si erano poste la duplice domanda: Come è presente il Risorto nei suoi? E da quale segno si riconoscerà la sua presenza? Ecco uno dei primi problemi teologici che dovevano spiegare ai nuovi cristiani.

Rispetto alla presenza incessante del Risorto con i suoi, il testo più esplicito è certamente la promessa di Gesù riferita nell'ultimo versetto di Matteo, come abbiamo detto: «Ecco, io sono con voi tutti i giorni, fino alla fine del mondo» (28,20). Con questa frase, il Signore s'impegna con il suo popolo: promette la sua assistenza, il suo aiuto, la sua protezione, la sua presenza nell'adempimento della missione che gli affida. Nell'Antico Testamento, Dio prometteva la sua assistenza a un uomo o a un popolo per un'azione limitata nel tempo o nello spazio. Qui ogni limite scompare.

Il capitolo 14 del quarto vangelo si presenta come una vera iniziazione alla vita di fede per il tempo in cui Gesù non sarà più con i suoi sulla terra. Gesù sta per lasciare i suoi e ritornare al Padre, la vigilia della sua morte. I discepoli sono dominati dalla tristezza, dal turbamento, dall'angoscia, il tutto frammisto con la delusione e ogni sogno sembra fallire. Il discorso di Gesù si rivolge a questi cuori così turbati: «Non si turbi il vostro cuore». Tutto il suo insegnamento si concentrerà in questa frase[1].

I discepoli potranno recuperare la pace proprio mediante la fede: «Credete in Dio. Credete anche in me» (Gv 14,1). Le parole del v. 19 sembrano annunciare le apparizioni pasquali: «Ancora un poco e il mondo non mi vedrà più; voi invece mi vedrete, perché io vivo e voi vivrete». Nel momento stesso in cui il Maestro sembra essere strappato da loro, la separazione si rivela, al contrario, come la condizione di una presenza più intima e più perfetta di Gesù ai suoi, nella manifestazione piena della sua personalità divina, presenza misteriosa di Cristo risorto nella sua stessa assenza. Ecco la parola sorprendente: «Se mi amaste, vi rallegrereste che io vado al Padre» (Gv 14,28).

Sappiamo che è lo stesso Cristo che avevamo contemplato nei misteri della sua vita pubblica; eppure, è diverso. Non sembra essere lo stesso delle contemplazioni della Seconda e Terza Settimana. Appare all'improvviso, e così scompare. In queste apparizioni sembra che manchi un'aria di familiarità e anche di realismo, cosa che lascia una certa sensazione di *stupore* nonché di *delusione*[2]. Ma bisogna scoprire l'intento pedagogico di queste apparizioni: il Signore risorto sta cercando di fare in modo che i suoi discepoli e, attraverso di loro, i cre-

---

[1] Cfr. D. MOLLAT, «Presenza di Gesù Risuscitato», 206-213.
[2] Cfr. D. STANLEY, *A Modern Scriptural Approach*, 280.

Quarta settimana

denti sperimentino la realtà della sua presenza nella storia, pur rimanendo invisibile. Il Cristo risorto *ispira una pace profonda, fiducia e fede nel cuore dei suoi amici*. Non c'è nessun tentativo da parte sua di intimorire i suoi avversari o di convincere i suoi nemici che è vivo.

Va notato che Gesù risorto non appare in primo luogo agli Undici, che sarebbero stati i suoi testimoni ufficiali nella comunità cristiana (At 4,33). Il racconto evangelico riferisce che *prima si rivelò alle donne fedeli*, unite a Lui dall'affetto. Perciò va apprezzato l'istinto di Ignazio, che propone come *prima contemplazione della Quarta Settimana l'apparizione di nostro Signore alla sua benedetta Madre*, perché nessuno potrebbe essere più vicino a Lui.

Gesù, uscito vivo dalla tomba, sale al Padre, ritorna dov'era, da dove era disceso verso gli uomini (Gv 3,13; 6,38.42). Lascia i suoi, sfugge al loro tentativo di afferrarlo, nello stesso istante in cui sembrava loro così familiare, così vicino (è il caso di Maria Maddalena, nel vangelo di Giovanni, ed è il caso dei discepoli di Emmaus in Lc 24); ma è per ritornare a loro ed essere presente presso di loro con una presenza molto più intima, per unirsi più strettamente a loro, come fratelli che sono già per lui e per «essere in loro» (Gv 17,26).

Nel caso di Paolo, l'esperienza fondamentale è stata, sulla strada per Damasco, l'incontro con Cristo risorto: qui è dove la sua esistenza ha preso la rotta definitiva. La presenza del Risorto è totale, invade tutto l'orizzonte di Paolo. Non ha altro avvenire, altra speranza che «essere con lui» (Fil 1,23); «essere trovato in lui... conoscere lui... la potenza della sua risurrezione, la comunione alle sue sofferenze, facendomi conforme alla sua morte, nella speranza di giungere alla risurrezione dai morti» (Fil 3,9-11). Per Paolo, la presenza di Cristo risorto è quella che definisce il cristiano (2Cor 3,18). Cristo vive in noi e noi viviamo in lui: le due formule si alternano in Paolo. Noi siamo di Cristo, e attraverso di lui, siamo chiamati a rivestirci della sua immagine. Il segno grazie al quale si riconosce questa presenza, secondo san Paolo, è «la pace»... «la pace di Cristo» (Col 4,15), «la pace di Dio, che supera ogni intelligenza, custodirà i vostri cuori e le vostre menti in Cristo Gesù» (Fil 4,7).

Anche sul piano apostolico e comunitario Paolo sperimenta la presenza del Risorto come una sovrabbondanza di forza in mezzo alla sua estrema debolezza (2Cor 4,10).

Dalla contemplazione dei misteri di Cristo risorto possiamo ricavare alcuni insegnamenti:

1. Chi è veramente *l'uomo spirituale? Colui che è dominato completamente dallo Spirito di Cristo risorto.*
2. Il messaggio fondamentale dell'annuncio pasquale è che *Gesù, il Figlio di Dio, ha deciso di rimanere umano per l'eternità.* Se ne deduce che il significato fondamentale della nostra vocazione cristiana è totalmente umano. La sequela di Gesù, che si realizza del tutto nell'umano, non può essere condotta a partire da una spiritualità disumanizzante.
3. Con la risurrezione di Gesù, il regno di Dio è divenuto una realtà che s'inaugura già in questo mondo.
4. Il bisogno perpetuo di *mantenere una prospettiva contemporanea*, di tenersi aggiornati: Cristo risorto è l'invito a un aggiornamento perenne e non si può stazionare in un rimpianto nostalgico del passato.

Se la letteratura cristiana sacra comincia con Paolo, e non con i sinottici o con Giovanni, ciò è dovuto al fatto che *l'interesse fondamentale dei primi cristiani era il Cristo contemporaneo, presente nella sua Chiesa attraverso l'attività del suo Spirito.*

La conoscenza di Gesù, che si cerca in queste contemplazioni, è più profonda, più «contemplativa», e porta il cristiano a un amore di amicizia con il Signore risorto. Aiuta a guardare la realtà in modo nuovo:

> Adesso devo imparare a guardare «il nuovo cielo e la nuova terra» presenti nella creazione come una conseguenza della morte e risurrezione di Cristo Gesù. Perché il potere dinamico inerente all'umanità glorificata del Cristo risorto non è confinato alla piccola terra di Palestina, a un breve spazio vitale del primo secolo della nostra era. *La signoria di Cristo è universale, cosmica.* Si estende come i raggi del sole per illuminare tutta la creazione[3].

---

[3] D. STANLEY, *A Modern Scriptural Approach*, 286.

Quarta settimana

Per dare un'interpretazione e articolazione alla sua fede, già rinnovata, il collegio apostolico aveva la risorsa delle *Scritture*, la letteratura sacra di Israele, dove potevano trovare immagini e temi, attraverso i quali si esprimevano gli atti salvifici che Dio aveva compiuto, gratuitamente, in favore del suo popolo. Per esempio, uno di questi temi, di rilievo nella cristologia del tempo apostolico, era quello del Servo di Dio, sofferente e glorificato, che il Secondo Isaia aveva cantato, in modo vivo e misterioso. Gesù era visto come il Servo contro cui avevano cospirato Erode e Pilato. In collaborazione con i Giudei e i Romani, avevano deciso la sua esecuzione (At 4,27-28). Le predizioni di Gesù sulle sue sofferenze e morte, narrate dai Sinottici, sono espresse nei termini del Servo sofferente di Isaia (cfr. Mc 8,31; 9,31; 10,33-34).

Paolo è il primo teologo cristiano ad avvalersi degli iniziali capitoli di Genesi per spiegare il mistero di Cristo. Quando predicava a comunità giudaiche, introduceva il suo Vangelo con una rassegna della storia di Israele (At 13,16-25). Quando si rivolgeva a gentili, cominciava con la dottrina dell'unico vero Dio, fonte di tutta la creazione.

Possiamo sintetizzare il pensiero di Paolo sulla redenzione umana nei seguenti tratti principali: si concentra quasi esclusivamente sull'evento che costituisce il cuore del Vangelo, cioè la morte e la risurrezione di Cristo; non include l'incarnazione. Per Paolo, la venuta del Figlio di Dio nel mondo è considerata semplicemente come *la sua entrata nella famiglia peccatrice di Adamo*. Gesù doveva associare intimamente a sé l'umanità peccatrice, per offrire al Padre ciò che l'uomo era incapace di consegnargli, per la sua ribellione: il suo amore filiale e obbediente. Perciò, per Paolo, il Figlio di Dio è venuto «in una carne simile a quella del peccato» (Rm 8,3); era «nato da donna, nato sotto la legge» (Gal 4,4).

È frutto del genio originale di Paolo ritornare all'inizio del cosmo, per cercare ispirazione nelle storie della creazione dei primi capitoli di Genesi: egli presenta Cristo come «l'ultimo Adamo», in cui sintetizza la sua visione dell'escatologia cristiana. Per Paolo, la natura umana raggiunge la sua perfezione definitiva nel Cristo esaltato. La nostra futura redenzione si compirà nella parusia, grazie al potere che si è scatenato nella storia, per la risurrezione di Gesù, ma, in questo processo di attività redentrice, è necessaria la cooperazione umana.

2. La contemplazione per raggiungere l'amore

Uno dei più preziosi contributi di sant'Ignazio alla spiritualità cristiana è il suo principio o inclinazione di *trovare Dio in tutte le cose*. Perciò, l'ultima contemplazione, *la corona degli Esercizi Spirituali*, prepara l'esercitante per ritornare alla sua vita ordinaria, perché lo orienta proprio in questa direzione, ed è inoltre *un metodo di preghiera che può essere praticato con facilità*.

Secondo la presentazione che ne fa Ignazio, «questo esercizio è un'applicazione alla vita cristiana della più grande sintesi teologica creata dalla scolastica medievale... *che io possa in tutte le cose amare e servire la sua Divino Maestà*»[4].

Come possiamo imparare dalla storia di Israele, per svelare agli uomini il mistero della sua esistenza, i suoi piani sul mondo e la provvidenziale cura del suo popolo, Dio non interferisce nei processi della storia: mostra all'uomo il suo volto *dal di dentro della storia stessa*. Da parte dell'uomo si richiede la visione di fede necessaria *per leggere il significato sacro* che è occulto dentro la successione degli eventi storici.

Il modo in cui la Chiesa primitiva contemplò il significato della vita terrena di Gesù fu registrato nei vangeli sotto la guida dello Spirito Santo. Mediante gli scritti di alcuni membri privilegiati della generazione apostolica, la Chiesa poté trasmettere, attraverso i secoli, lo scritto ispirato da questo processo storico, che costituisce, insieme all'Antico Testamento, la nostra rivelazione cristiana. Noi contribuiamo, con la nostra mente e l'azione molteplice delle nostre mani, nel piano di Dio, alla redenzione dell'universo materiale, ma questa missione divina può essere realizzata soltanto nell'amore.

Nel testo di questa contemplazione, che si trova alla fine degli Esercizi Spirituali, come loro sintesi e punto culminante, si trova il fondamento della dimensione basilare della spiritualità ignaziana conosciuta come «cercare e trovare Dio in tutte le cose, e tutte in Lui», tema che si ripete nel Diario Spirituale, nell'Epistolario e nelle Costituzioni della Compagnia di Gesù: ne nascerà la nota espressione «contemplativo nell'azione». Così gli Esercizi Spirituali presentano i misteri della vita di Cristo tenendo sempre presente:

---

[4] D. STANLEY, *A Modern Scriptural Approach*, 316.

l'unità che caratterizza la totalità dell'unico mistero di Cristo, che comincia a rivelarsi nell'incarnazione, culmina sulla croce e arriva al suo pieno compimento nella risurrezione e glorificazione alla destra del Padre, da dove lo Spirito Santo è mandato. Un mistero il cui valore salvifico si basa sulla comunione (discendente e ascendente) di Cristo con l'umanità[5].

---

[5] R. GARCÍA MATEO, *El Misterio de la Vida de Cristo*, XL.

CAPITOLO XI

MARIA NEGLI ESERCIZI SPIRITUALI DI SANT'IGNAZIO

In un contesto più ampio, dovremmo ricordare la familiarità o devozione di Ignazio per la Nostra Signora (cfr. biografia di sant'Ignazio). Per esempio: i «tempi» per misurare le Aggiunte (il tempo di un *Ave Maria*); il colloquio alla Vergine si conclude con un *Ave Maria*; il luogo delle preghiere vocali: secondo e terzo modo di pregare (delle cinque preghiere che Ignazio prende come esempio, due sono alla Vergine); «chi vuole imitare nell'uso dei sensi Nostra Signora, si raccomandi a lei nella preghiera preparatoria...» [248; e questo, per la vicinanza di Maria a Gesù, che non è solo fisica, ma anche morale e spirituale]; le due persone che gli si presentano al primissimo posto nella lettura e contemplazione del Vangelo sono: prima Gesù e, insieme a lui, anche sua Madre, la Nostra Signora.

Lungo il percorso degli Esercizi Spirituali troviamo sempre presente Maria: nel terzo Esercizio della Prima Settimana; continuamente, nella prima metà della Seconda; alla fine, nella fase conclusiva della Terza e all'inizio della Quarta. Parallelamente a questo ritmo di sue presenze, nello sviluppo degli Esercizi Spirituali, abbiamo le menzioni corrispondenti ai «misteri della vita di Cristo nostro Signore» [261ss], a cui rimandano le contemplazioni della Seconda, Terza e Quarta Settimana.

Esaminando la presenza di Maria nei triplici colloqui, possiamo vedere in che senso la si può chiamare *interceditrice e mediatrice*. Ignazio si rivolge a lei, per avere accesso al Figlio, l'unico mediatore davanti al Padre. Il colloquio ispira già la certezza di arrivare fino al Figlio e, tramite lui, al Padre. Maria ha accesso a Gesù proprio a motivo della sua maternità e, in quanto Immacolata, procura a noi peccatori l'accesso al Dio tre volte santo, attraverso l'Agnello senza macchia.

Cominciando la Seconda Settimana, l'esercitante fa la sua offerta a Dio, basandosi sulla testimonianza di Maria, chiamata qui «Madre gloriosa». Nel racconto dell'Incarnazione troviamo nel vangelo il momento decisivo che segnala il posto e la funzione di Maria nella storia della salvezza. Con la sua risposta di accettazione del piano di Dio, Maria dispone la sua vita e apre il mondo alla realizzazione dell'incarnazione del Figlio di Dio e, di conseguenza, alla realizzazione della nostra salvezza. Troviamo in questo testo [109] i titoli più frequenti con cui Ignazio chiama Maria: «Madre e Signora nostra».

Nella contemplazione della natività, la Vergine è uno dei personaggi che dobbiamo *vedere* (primo punto), per poi *ascoltare* le sue parole (secondo punto) e *guardare* e *considerare* le sue azioni (terzo punto). Fin dall'inizio, Maria è unita al Figlio nel cammino di povertà e umiltà che scelse di abbracciare, venendo a condividere la nostra sorte.

Quando Ignazio applica il titolo di «Madre» a Maria, sta riconoscendo in lei, attraverso e al di là della maternità naturale, un grado eccellente di conformità e comunione con il Figlio: così può essere la nostra Madre e la nostra Signora.

Nelle «due bandiere» Ignazio propone di cominciare con la Vergine, nel triplice colloquio, perché nella sua vita vediamo risplendere in modo speciale il progetto della bandiera di Cristo: nella povertà, nelle umiliazioni che soffrì, identificandosi con il Figlio. Non soltanto ci permette di credere che la via di Gesù possa essere anche la nostra, ma che ci può ottenere la grazia di essere scelti per questa via.

In modo originale Ignazio osserva la separazione di Gesù e sua Madre, all'inizio della vita pubblica [273]. Passando dalla Terza alla Quarta Settimana, abbiamo l'attenzione molto concentrata su Maria: della Terza, la seconda contemplazione del quinto giorno; e nell'insieme del sesto e settimo giorno: le parole di Gesù a Maria (seconda contemplazione), la deposizione dalla croce e il ritorno di Maria a casa, dopo la sepoltura; la solitudine di Nostra Signora. Della Quarta, la prima contemplazione del primo giorno: l'apparizione del Signore risorto a sua Madre. Posto che nessuno come lei fu presente e identificata con il mistero di Gesù, Ignazio mostra il posto centrale e decisivo che occupa negli ultimi momenti della vita di Gesù, fino alla risurrezione. Quando Gesù si prepara a partire e scomparire, l'esercitante sente la fiducia nella presenza di Maria. In questi momenti del «passaggio», Ignazio propone di tornare a volgere lo sguardo su Maria: che lei ci conduca e generi in noi la fede.

Essendo ai piedi della croce, quella che Gesù chiamava «sua Madre» è ora nominata come «la Madre»: Gesù la affida a Giovanni, e attraverso di lui, a tutti gli uomini. Maria ha ora una maternità universale, molto personale, dal momento che si tratta di una maternità per ogni uomo. La prima contemplazione del sesto giorno è fatta in assoluto silenzio [298]. È la prima di tutte le contemplazioni degli Esercizi Spirituali in cui non ci sono parole da ascoltare. Il corpo di Gesù manifesta, per l'ultima volta, un vincolo carnale «naturale» con quella che è sua Madre. Davanti al cadavere del Figlio, la Madre non può apportare niente, se non la sua presenza silenziosa, tormentata, addolorata. L'esercitante è invitato ad accompagnare Maria fino alla casa dove torna, dopo la sepoltura del Figlio [208]. È un tema di contemplazione originale di Ignazio, dal momento che non ha una base scritturistica; tuttavia, è significativo nella sua visione del mistero di Maria.

L'apparizione di Cristo risorto alla Vergine. Capiamo bene perché la Quarta Settimana «doveva iniziare con l'apparizione alla Nostra Signora» [218ss; cfr. 299]. Più che a chiunque altro, il Risorto doveva offrire la «consolazione» a sua Madre: ella persevera nell'attesa, nel ricordo e nella preghiera [220]. Il primo punto di questa contemplazione è l'unico dei misteri della vita di Cristo che Ignazio non solo propone, ma anche giustifica, quello della «prima apparizione» di Cristo risorto: «sebbene non si dica nella Scrittura, si ritiene per detto… poiché la Scrittura suppone che abbiamo intelletto, come sta scritto: "Anche voi siete senza intelletto?"». «Apparve alla Vergine Maria» rappresenta un *hapax* negli Esercizi Spirituali.

La convinzione di fede nella prima apparizione del Signore risorto a Nostra Signora, narrata dagli Esercizi Spirituali [218 e 299], è conservata viva nella coscienza cristiana. Qui dobbiamo riconoscere un contributo ignaziano alla devozione mariana. Su questo punto, il teologo Francisco Suárez sintetizza così la fede del XVII secolo: «Eppure, si deve credere, senza alcun dubbio, che dopo la risurrezione Cristo è apparso a sua Madre prima che a chiunque altro»[1]. Questa certezza di Suarez è confermata da un altro teologo, H.U. von Balthasar: «È a lei,

---

[1] F. SUAREZ, *De mysteriis vitae Christi*, disp. 49, sect. I, n. 2: *Opera* XIX, 876.

come seme della Chiesa, a cui il Figlio appare senza dubbio per primo»[2]. Ma non tutti i teologi condividono questa convinzione. Ives Congar, per esempio, faceva difficoltà ad accettare questa apparizione. Strettamente parlando, diceva lui, dal punto di vista biblico non ha grandi probabilità. Tuttavia, il tono polemico, del tutto eccezionale negli Esercizi Spirituali («la Scrittura suppone che abbiamo intelletto...»), induce a pensare che Ignazio stia esprimendo, con questo «mistero», un'incontestabile realtà della storia della salvezza.

Sebbene il magistero della Chiesa non gli attribuisca altro che la nota *verosimiliter*, espressa da Innocenzo III (XIII secolo), sarebbe inconcepibile che il Signore risorto non fosse apparso a sua Madre, essendo apparso a tanti altri. Perciò, Ignazio ci invita a *intus legere*, un leggere dentro la Scrittura, per cogliere ciò che dice implicitamente: «si ritiene per detto quando dice che apparve a molti altri» [299], probabilmente si sta riferendo a 1Cor 15,6, citato in Esercizi Spirituali 308, e ricorre a una lettura in profondità dell'economia della nostra salvezza, come quella che farà il Signore risorto sulla strada per Emmaus. Sebbene Ignazio citi le parole di Mc 8,17 («Non capite ancora e non comprendete? Avete il cuore indurito?»), sta considerando che negare l'apparizione del Signore risorto alla Madre sia una mancanza di fede nell'amore del Signore per sua Madre. Considerato nella comprensione della fede, «il silenzio evangelico proclama il mistero ancor più di quel che farebbe la semplice descrizione del fatto»[3]. Per Ignazio, il fatto della risurrezione del Signore (che *neppure la Scrittura descrive*) e il fatto dell'apparizione a Nostra Signora costituiscono un unico mistero [219].

Avremmo bisogno di una forma nuova di vedere, un'*intelligenza spirituale*, come dice Jean Laplace, per capire questi misteri:

> È necessaria un'intelligenza spirituale per cogliere in che mondo nuovo sono entrati Gesù e Maria... Sono divenuti una cosa sola nel cuore: ai piedi della croce Maria penetrò l'intenzione del Figlio. È questa presenza nello Spirito a creare la loro unità. È questa presenza a realizzare la ri-

---

[2] H.U. VON BALTHASAR, *Triple couronne. Le salut du monde dans la prière mariale*, 96.
[3] P.H. KOLVENBACH, *La Pascua de Nuestra Señora*, 59.

surrezione: Cristo è presente a coloro che sono uniti a lui con il cuore. Il corpo non è più opaco; diventa l'espressione e la trasparenza dello spirito. Comincia una vita nuova, un nuovo modo di essere, questa presenza spirituale che la morte non è capace di rompere[4].

Nella sua nuova realtà pasquale, presente «alla sua benedetta Madre in corpo e anima» [219], il Signore risuscita in lei per l'eternità, ma solo in un'intelligenza spirituale della fede si può comprendere questa presenza spirituale. È come una nuova annunciazione fatta a Maria, e sarà per Ignazio il tipo e la fonte di tutte le altre «apparizioni» della Quarta Settimana.

Maria è, per Ignazio, l'icona o il modello dell'esercitante. Mentre le altre apparizioni del Signore risorto cadono fuori dell'esercitante e hanno un fine kerigmatico, l'apparizione a Maria succede «dentro» ed è gratuita. Non è un'apparizione esterna a lei: Maria infatti sperimenta in modo unico il «Cristo che abita per mezzo della fede» e vive in modo nuovo l'esistenza del discepolo del Risorto[5]. Si tratta di una nuova presenza, non carnale, ma spirituale: è una presenza personale nello Spirito.

Come Maria fu la porta d'ingresso del Signore nel mondo, così adesso, mediante l'apparizione a lei, che rappresenta la Chiesa, si annuncia la risurrezione al nuovo popolo di Dio. Gilles Cusson sottolinea questo carattere ecclesiale della prima apparizione: «Per Cristo la gioia della risurrezione non è la gioia di recuperare la respirazione, ma quella di portare alla nuova umanità, liberata, la sua vita, capace finalmente di essere ricevuta in pienezza...»[6]. In Maria, come «locus ecclesiale», si realizza il passaggio dalla nostra umanità peccatrice alla nuova umanità di Cristo risorto.

Le altri apparizioni hanno come finalità quella di suscitare la fede pasquale, dare alla luce la parola che sarà il kerygma apostolico. La prima apparizione del Risorto a Maria, invece, si caratterizza per il «silenzio». Se la Vergine nell'annunciazione parla, se nel Magnificat canta

---

[4] J. LAPLACE, *Diez días de Ejercicios*, 158.
[5] Cfr. J. LAPLACE, *Ejercicios de 30 días*, 194-197.
[6] G. CUSSON, *Pédagogie de l'expérience spirituelle personnelle*, 261.

la sua gioia, nella gloria della risurrezione si confonde con la Chiesa (At 1,12-14), che il Signore Gesù affida agli apostoli. Il Risorto appare nella fede di Maria, fonte e icona della fede della Chiesa.

CONCLUSIONE

Al termine di questo percorso, non posso fare a meno di sentire la gratitudine, in primo luogo al Signore, per il dono della spiritualità ignaziana e, in concreto, per l'esperienza che ha concesso di vivere a Ignazio negli Esercizi, ma anche gratitudine a tanti gesuiti e laici, uomini e donne, che ci hanno trasmesso questa ricchezza.

Infine, vorrei sottolineare la perenne attualità degli Esercizi Spirituali. Se la loro ispirazione è la Parola di Dio, la loro giovinezza è una nota permanente: la loro proiezione rimane sempre attuale, perché sono per l'uomo di tutti i tempi[1]. Significano ovviamente un'offerta efficace per la creazione di un'umanità nuova, nella misura in cui promuovono la conversione profonda dell'essere umano. E da ciò ci si potrebbero aspettare molti frutti, tra cui, per esempio, il cambiamento sociale.

Concentrando l'attenzione sul bisogno di un uomo nuovo, ci collochiamo in un orizzonte antropologico. E qui sta precisamente l'obiettivo degli Esercizi Spirituali: ottenere un uomo rinnovato a immagine di Gesù Cristo, capace d'integrarsi, di dialogare e di essere fermento delle nuove culture. «Più che oggetto di riflessione – afferma Arrupe – l'uomo è elemento dinamico e punto di riferimento»[2].

Solo l'uomo liberato dalla forza dello Spirito potrà essere questo elemento trasformatore, collaboratore efficace nella creazione di un mondo nuovo. Dal suo fango trasformato lascerà trasparire la luce della Parola, seminata un giorno nel suo cuore, germinata e coltivata nell'esperienza della vita, maturata nella sofferenza, affinata nell'esperienza del Signore negli Esercizi Spirituali. Attraverso le oscurità di questo mondo, il suo Spirito lo incoraggerà e guiderà sempre per la via della verità e dell'amore.

---

[1] Cfr. P. ARRUPE, «Attualità degli Esercizi Ignaziani».
[2] P. ARRUPE, «Attualità degli Esercizi Ignaziani», 5.

APPENDICE 1

SULLA TEOLOGIA PAOLINA

Paolo ha un modo dialogico di fare teologia: scambio con i destinatari delle sue lettere, comunicazione delle sue certezze di fede, ricche eredità religioso-culturali, evidenze culturali, mosso sempre dal desiderio di aiutare le sue comunità a maturare spiritualmente... Il suo pensiero teologico è pastorale: la sua teologia infatti non è di scuola, non ha un taglio teorico. È un servitore del Vangelo che tenta di rispondere a domande e situazioni concrete della vita delle sue comunità: è nel contempo missionario e pastore d'anime. La sua teologia è forma concreta e specifica della sua azione missionaria e pastorale.

Il modo primo e primario di fare teologia, per Paolo, è l'interpretazione del Vangelo. La dimensione «staurologica» del Vangelo, nella riflessione teologica paolina, è provocatrice nelle due antitesi parallele di sapienza-insensatezza e forza-debolezza. Paolo non vede la morte in croce di Gesù come un'esperienza doloristica, come nella pietà medievale, né come un'espressione moralistica di rassegnazione, ma come grandezza antiteticamente espressiva di stupidità e debolezza e, allo stesso tempo, di sapienza e potenza, secondo la valutazione umana e divina, le quali sono opposte: gli uomini che confidano nel loro criterio di giudizio vedono, nella morte di Gesù, soltanto impotenza e vergognosa stupidità, invece di vederlo com'è, un evento di potenza e sapienza, perché è luogo della sua presenza salvifica ed espressione del suo progetto sapientissimo in favore dell'umanità perduta. Questa è la valutazione dei credenti che aderiscono a lui con fede. E come afferma Barbaglio:

> La croce è apocalisse paradossale dell'identità di Dio, di Cristo, dell'annuncio evangelico, di cui mostra un volto controcorrente: un Dio che agisce in modo potente e sapiente qui dove regnano la debolezza e la stoltezza, per

questo, Egli stesso debole e stolto agli occhi della sapienza umana, persino un non-Dio; dopo, un messia che, contro le più diffuse aspettative, incarna non splendore e potenza, ma quello che c'è di più vergognoso e infame; insomma, un annuncio evangelico interpretato da un missionario come Paolo, che si presentò a Corinto, non come un grande oratore, ma «con timore e trepidazione» e con Cristo crocifisso sulla bocca (1Cor 2,2-3), e tuttavia, creatore di una comunità di credenti, non con la sapienza umana, ma con la potenza di Dio (1Cor 2,5)[1].

Paolo presenta il suo Vangelo strettamente legato alla sua persona e attività. È stato un missionario attivo; non un pensatore dominato da problemi idealisti. Ha dovuto lottare, difendersi, polemizzare... La sua riflessione è molto personale. Ne nasce un'interpretazione ardente, appassionata, che non perde perciò la sua ricchezza teologica profonda, che è una nuova intelligenza della diaconia missionaria ed ecclesiale, punto costante di riferimento dei pastori e di tutti i cristiani.

Paolo ricorre costantemente alle Scritture, soprattutto nelle quattro grandi lettere. Sviluppa un riferimento generico in esegesi precisa di pagine e storie scritturistiche lette come luoghi della sua argomentazione teologica. Per esempio, le linee che propone su Adamo, Abramo, Mosè e Israele.

Paolo s'ispirò alle grandi culture che lo influenzarono, quella biblico-ebraica e quella greca, e manifestò una grande capacità innovatrice, nel dar voce a realtà originali e nel rendere intelligibile al mondo di allora un prodotto nato in Palestina, segnato profondamente dalla cultura ellenistica, che univa alla ricca eredità greca prospettive orientali, come i misteri e i suoi riti.

Dal punto di vista ecclesiologico, oltre alla categoria «Chiesa» (*ekklēsía*), Paolo manifesta la sua creatività teologica nell'applicazione dell'immagine sociale dell'organismo umano alla comunità cristiana, che definisce come «corpo», per dare a intendere l'unità e la pluralità, che si vedono armonizzate nel segno della complementarietà e solida-

---

[1] G. BARBAGLIO, *La teologia di Paolo*, 733.

rietà. L'ecclesiologia di Paolo si può descrivere come organica, sotto il segno cristologico e pneumatologico, che sviluppa in 1Cor 12-14.

Con originalità, Paolo esprime la sua concezione dell'uomo in modo particolare in 1Cor. Invece dell'antitesi dello spiritualismo dualistico corpo-spirito, presenta la contrapposizione corpo spirituale-corpo psichico, che indica le sfere soprannaturale e terrena, caduca e mortale la seconda, celeste, incorruttibile e immortale la prima. Di conseguenza, afferma che sarà necessaria una profonda trasformazione dell'essere umano.

Dopo, la teologia paolina camminerà su due linee complementari: la giustizia di Dio e la gratuità della sua grazia. E nel campo cristologico, per Paolo, Cristo non è termine funzionale, ma nome proprio. L'esperienza di giustificazione, riconciliazione, pace e salvezza si vive partecipando alla sua morte e risurrezione, non solo tramite il sacramento, il battesimo e l'eucaristia, ma anche mediante la fede. È una relazione stretta di comunione (*koinōnía*), che si esprime nelle formule di immanenza «essere in Cristo/in Cristo Gesù/nel Signore/in Lui», di co-unione, con i verbi composti «morire con/essere crocifisso con /essere risorto con/essere glorificato con/regnare con», e di appartenenza, espressa con la formula «essere di Cristo» (Rm 8,9; 1Cor 3,21; Gal 3,29; 5,24), «essere membri di Cristo» (1Cor 6,15). Troviamo alle volte formule di tipo cultuale («il nostro agnello pasquale, Cristo, è stato immolato»: 1Cor 5,7), così come espressioni di relazioni spezzate e ricreate, specialmente in Gal e Rm, come giustizia e giustificazione, riconciliazione, pace.

Nel campo dell'etica, il contributo principale di Paolo, oltre all'esigenza di essere guidati dallo Spirito, è il rapporto così stretto che stabilisce tra l'indicativo della salvezza realizzata da Dio nei credenti e l'imperativo di vivere in conformità ad essa, un imperativo che sgorga dall'indicativo. L'imperativo fa riferimento alla grazia di Dio, che trasforma sia l'essere che l'agire dell'uomo.

APPENDICE 2

ELEMENTI DI ERMENEUTICA BIBLICA

Per chiunque intenda maneggiare la Sacra Scrittura, sarà importante avere idee chiare su quello che è il metodo storico-critico (storia, principi, descrizione, valutazione), i nuovi metodi di analisi letteraria (retorico, narrativo, semiotico), i diversi approcci basati sulla tradizione (quello canonico, il ricorso alle tradizioni giudaiche), gli approcci tramite le scienze umane (sociologico, antropologia culturale, psicologici, psicoanalitici), approcci contestuali (liberazionista, femminista), lettura fondamentalista[2].

Dovremmo tenere presente, inoltre, lo sviluppo dell'ermeneutica filosofica contemporanea. Per esempio, il pensiero di Gadamer: le anticipazioni e i pre-concetti che segnano la nostra comprensione provengono dalla tradizione che ci sostiene (l'insieme di dati storici e culturali che costituiscono il nostro contesto vitale, il nostro orizzonte di comprensione). L'ermeneutica è un processo dialettico: la comprensione di un testo è sempre una comprensione più ampia di sé. E di Paul Ricoeur: il significato di un testo non si dà pienamente, se non è attualizzato nel vissuto di lettori che se ne appropriano, perché sono chiamati (i lettori) a scoprire significati nuovi.

Il linguaggio della Bibbia è simbolico: dà sempre a pensare e non si finisce mai di scoprire la ricchezza del suo significato. È un linguaggio

---

[2] Sarebbe troppo lungo esporre qui ognuno di questi metodi o approcci. Si può consultare qualcuno dei manuali di ermeneutica biblica moderni, per esempio, il libro di G. LOHFINK, *Ora capisco la Bibbia. Studio sulle forme letterarie della Bibbia*, Bologna 1981; W. EGGER, *Metodologia del Nuovo Testamento. Introduzione allo studio scientifico del Nuovo Testamento*, Bologna 2000; il documento della PONTIFICIA COMMISSIONE BIBLICA, *L'interpretazione della Bibbia nella Chiesa*, Città del Vaticano 1993.

Appendice

che tende a raggiungere una realtà trascendente e, al tempo stesso, conduce la persona verso la dimensione profonda del suo essere. Perciò, il bisogno di un'ermeneutica, cioè di un'interpretazione nell'oggi del nostro mondo, trova un fondamento nella Bibbia stessa e nella storia della sua interpretazione.

L'insieme degli scritti dell'Antico e del Nuovo Testamento – dice il documento *L'interpretazione della Bibbia nella Chiesa* – si presenta come il prodotto di un lungo processo di reinterpretazione degli eventi fondatori, in stretto legame con la vita delle comunità dei credenti (II.A.2.).

I Padri della Chiesa, che sono i primi interpreti nella tradizione ecclesiale, non consideravano completa la loro esegesi dei testi se non ne avevano ricavato il significato per i cristiani del loro tempo, nella loro situazione. È necessario, inoltre, tenere presente che la conoscenza giusta del testo biblico è accessibile solo a chi vive coerentemente, quanto meno fino a un certo livello, con il messaggio del testo. Perciò, la vita nello Spirito facilita, nel lettore, la comprensione delle realtà di cui parla il testo biblico.

Posto che il problema dell'interpretazione non è così semplice e non si presenta allo stesso modo in tutti i generi che troviamo nei testi (racconti storici, parabole, oracoli, leggi, proverbi, preghiere, inni, *ecc.*), converrebbe ricordare brevemente i principali significati della Scrittura ispirata.

Senso letterale. È il significato preciso dei testi, così come sono stati prodotti dai loro autori. L'esegesi storico-critica ha enfatizzato la tendenza (alcuni ritengono troppo) a limitare il significato dei testi, dando grande valore alle circostanze storiche precise in cui i testi furono prodotti. Non dobbiamo però dimenticare che un testo scritto può essere collocato in nuove circostanze che gli offrono una luce diversa, che arricchiscono il suo significato con elementi nuovi. Da quando è stato prodotto, il testo è aperto a ulteriori sviluppi.

Senso spirituale. L'evento pasquale, la morte e risurrezione di Gesù, ha stabilito un contesto storico totalmente nuovo, che getta una nuova luce sui testi antichi e fa conoscere loro un cambio di significato. Il mistero di Cristo è la chiave interpretativa di tutte le Scritture. Così i testi biblici esprimono il significato spirituale, quando sono letti nel contesto del mistero pasquale di Gesù Cristo. Perciò, la lettura «normale» della Sacra Scrittura, per noi, dovrà essere compiuta alla luce di questo nuovo contesto, che è quello della vita nello Spirito. Ovviamente il senso spirituale non si deve confondere con le interpretazioni soggettive dettate dall'immaginazione o dalla speculazione intellettuale. Affinché la nostra lettura sia legittima, in questo senso spirituale, deve armonizzare tre livelli di realtà: il testo biblico, il mistero pasquale e le circostanze presenti, concrete, della vita nello Spirito del lettore che cerca di comprendere il testo. Così il problema ermeneutico non si colloca soltanto su un livello teorico-speculativo, ma arriva a quello dell'esistenza cristiana. La propria vita deve essere decifrata vedendosi riflessa nello specchio di Gesù Cristo. Ovviamente questo processo porta a un'assimilazione personale della Parola di Dio.

Significato pieno. È il significato profondo del testo, voluto da Dio, ma non tanto chiaramente espresso dall'autore umano. Si riesce a scoprire con lo sviluppo interiore della rivelazione, come un altro modo di designare il significato spirituale del testo biblico. Benché guidati dallo Spirito Santo, gli autori sacri non riuscirono a percepire tutta l'importanza di ciò che era rivelato loro. Soltanto in seguito, alla luce di una rivelazione successiva, apparve con sempre maggior chiarezza.

Non si deve confondere con l'*adattamento*, molto usato nella liturgia e nella predicazione, e che consiste nel dare alle parole della Scrittura un significato diverso da quello che l'autore le ha voluto dare, come conseguenza di una certa somiglianza tra il passo biblico e la sua applicazione. Per esempio, nelle messe della Vergine, i testi relativi alla Sapienza sono applicati a Nostra Signora (Pr 8,22-35; Sir 24,14-16). Sebbene l'applicazione sia valida, non si può identificare con il significato più profondo voluto dall'autore sacro.

Un altro ancora è il *senso tipico*: è quello che si ha nel caso in cui avvenimenti, istituzioni, persone, *ecc.*, designati dai testi biblici, rappresentano e prefigurano eventi, istituzioni e persone di ordine superiore, ma, tra queste due realtà, si ha una corrispondenza, voluta da Dio stesso. Così, per esempio, il serpente di bronzo che Mosè ordinò di collocare su un'asta (Nm 21,8-9) è figura di Cristo crocifisso (Gv 3,14); la manna che gli Israeliti mangiarono nel deserto è figura del pane eucaristico (cfr. Gv 6) e il passaggio del Mar Rosso (Es 14,22) è figura del battesimo (cfr. 1Cor 10,1).

Esiste anche l'*esegesi allegorica*, che consiste nella lettura dei testi dell'Antico Testamento come simbolo di Cristo e della Chiesa. Mi sembrano illuminanti, a proposito della comprensione del senso profondo della Sacra Scrittura, le parole di D. Barsotti:

> Il significato della Scrittura diventa più pieno, più profondo, più uno, nella misura in cui la Parola di Dio in Israele si avvicina maggiormente al suo compimento. Da un lato, questa Parola è «esegesi spirituale» della Parola che la precede, in quanto esplicita il suo significato e testimonia un progresso della Rivelazione e della storia sacra; dall'altro, si fa annuncio e promessa di un percorso storico ulteriore, perché, in quanto Parola di Dio, continua ad essere anche profetica[3].

Di fatto, la comunità di Israele dovette reinterpretare continuamente il suo passato e la Scrittura alla luce di nuovi interventi di Dio. Il problema apparve, quando Israele perse la fiducia in Dio e cominciò a considerare la Sacra Scrittura soltanto come testimonianza del passato. Si chiuse al suo carattere profetico, dimenticò che era il popolo della promessa, per diventare il popolo della legge.

Con la venuta di Gesù è terminato il tempo della figura: ora è il tempo della realtà, della nuova realtà. Alla luce del Signore risorto, centro della storia, si comprende il passato, e a partire da lui, s'illumina il presente. Così il significato pieno dei testi biblici è, in ultima analisi, legato al mistero pasquale. La morte e risurrezione di Cristo non è un avvenimento accanto ad altri, nella storia, ma ne è il suo centro, e ha a che vedere con l'esistenza concreta di ogni persona e con il significato di tutto l'universo.

Dobbiamo inoltre tenere presente che la nostra è l'interpretazione cattolica, che ha delle caratteristiche. In primo luogo, si colloca nella tradizione viva della Chiesa, il cui primo interesse è la fedeltà alla rivelazione testimoniata dalla Bibbia. È necessario il discernimento, rea-

---

[3] D. Barsotti, La *Parola e lo Spirito*, 15.

lizzato nella comunità ecclesiale, per verificare i movimenti interni suscitati nel contatto con i testi biblici, e poter distinguere quelli che vengono dallo Spirito da quelli che possono venire da altri fattori. L'esegeta cattolico cerca che la sua interpretazione sia in continuazione con il dinamismo che si manifesta all'interno stesso della Bibbia, e che si prolunga nella vita della Chiesa. Si devono inserire tutti i dati che si trovano attraverso la critica storico-letteraria con l'intuizione della tradizione antica. Come direbbe G. Zevini, si tratta di

> saper prolungare ed esplicitare quello che il testo comporta, evidenziato dall'esegesi moderna, vedendone il prolungamento nella vita ecclesiale che parla al credente nella Chiesa, cioè la tradizione patristica, liturgica, dogmatica e nell'uso degli autori spirituali fino a noi, sapendo che esiste sempre uno sviluppo e un'attualizzazione progressiva della Scrittura in nuovi contesti, anche secondo il principio della fedeltà al messaggio[4].

Il fatto è che, per noi, il significato spirituale della Sacra Scrittura è soprattutto l'uso che il credente fa della stessa, letta nella comunità ecclesiale, in un processo di conversione, mediante la pratica della sua vita cristiana e mediante la sua preghiera. Così siamo inseriti in questo processo di arricchimento del testo, che cominciò con l'interpretazione religiosa del popolo di Israele, continuato dalla Chiesa primitiva, approfondita dalla tradizione successiva della Chiesa apostolica. Ci si aspetta da noi che siamo i continuatori di questo processo (cfr. *Dei Verbum* 8). La lettura nello Spirito è una lettura ecclesiale, perché se fosse in contraddizione con essa, non sarebbe compiuta nello Spirito, perché non sarebbe compiuta in comunione con il corpo abitato dallo stesso Spirito. Perciò non avrebbe senso un'ermeneutica biblica costruita in opposizione alla comunità ecclesiale, ovvero in disaccordo con il Magistero della Chiesa.

Il modo proprio di interpretare della tradizione biblica è quello con cui la Bibbia interpreta le esperienze umane fondamentali o gli avvenimenti particolari della storia di Israele, o il modo in cui i testi biblici

---

[4] G. Zevini, «La lettura della Bibbia nello Spirito», 139.

Appendice

utilizzano le fonti, scritte o orali (anche se alcune di queste derivano da altre religioni o culture), reinterpretandole. Spesso, gli scritti biblici successivi si rifanno a scritti precedenti. Gesù stesso, durante la sua attività pubblica, adottò una posizione personale originale, differente dall'interpretazione tradizionale del suo tempo, quella degli scribi e farisei (Mt 5,20). Bisognerebbe vedere, in quest'atteggiamento di Gesù, una fedeltà profonda alla volontà di Dio espressa nella Scrittura (cfr. Mt 5,17; 9,13; Mc 7,8-13 e paralleli; 10,59 e paralleli). La morte del Messia, il «re dei Giudei» (Mc 15,26 e paralleli), provocò una trasformazione dell'interpretazione storica dei salmi regali e degli oracoli messianici. La risurrezione e la glorificazione di Gesù diedero a questi testi una pienezza di significato, prima insospettato. L'evento della Pasqua ha offerto una grande luce agli autori del Nuovo Testamento, per rileggere l'Antico.

L'interpretazione della Bibbia deve essere plurale, creativa e cercare di rispondere ai nuovi interrogativi che sorgono di volta in volta nella vita del popolo di Dio. Fortunatamente, nella nostra situazione attuale, l'esegesi non è più imperniata sul significato letterale, ma è considerata come una disciplina al servizio del significato religioso del messaggio biblico. Si cerca, quindi, un'unità tra la lettera e lo spirito. La migliore espressione di questa maturità raggiunta dall'esegesi contemporanea è la *Dei Verbum*, che presenta l'esegesi come «un'esposizione positiva del testo e del suo significato biblico fino ad arrivare a provare una nuova unità tra Bibbia e spiritualità»… «Dobbiamo arrivare a un'integrazione, a una nuova sintesi tra l'esegesi dei Padri e l'esegesi moderna»[5]. Questo passaggio al significato spirituale si può ottenere a partire dai dati che elabora lo studio storico-letterario dei testi biblici.

Dobbiamo sempre tenere presente che i vangeli non intendono darci dettagli sulla vita di Gesù. Non sono un'opera storica, nel significato moderno dell'espressione. Semplicemente, come abbiamo detto, sono una testimonianza di fede, finalizzata alla fede dei lettori[6]. Si collocano di fronte alla risposta dell'essere umano, una decisione che esprime il

---

[5] G. Zevini, «La lettura della Bibbia nello Spirito», 149.
[6] Cfr. C.W. Pires, «L'uso della Sacra Scrittura negli Esercizi», 19.

cambiamento profondo, frutto dell'incontro con Cristo risorto. Ovviamente una prospettiva così va oltre la dimensione meramente storica. Il suo fine ultimo si colloca sul livello religioso e teologico, in coerenza con la lettura tradizionale dei testi biblici. Sebbene non possiamo distinguere con certezza matematica le parole che furono pronunciate da Gesù da quelle che gli attribuiscono gli evangelisti, sappiamo che, per l'azione dello Spirito Santo, ciò che fu scritto nei vangeli si fonda sulla vita e sull'insegnamento di Gesù, in modo tale che i vangeli non ci presentano un altro personaggio, ma il Gesù storico. Comunque, si tratta non dei «dettagli storici», ma della conoscenza del mistero di Gesù alla luce del mistero pasquale. Dovremmo ancora considerare il lavoro letterario degli evangelisti, per determinare, tra le altre cose, i vari generi letterari.

Se per i Padri l'avvenimento (la storia) e il testo (la lettera) erano quasi la stessa cosa, per noi i testi biblici presuppongono un processo lungo d'interpretazione degli avvenimenti salvifici, processo che è guidato dallo Spirito Santo, e allo stesso tempo, un lavoro di redazione che contò sull'assistenza dello stesso Spirito, orientato a condurre i lettori a entrare in contatto con il mistero di Cristo, sempre attuale. L'esegesi moderna, come una conquista, ci offre la possibilità di fare un'attualizzazione del testo biblico, alla luce del triplice significato spirituale della Scrittura, oggetto della tradizione antica: quella ecclesiale, quella di ogni fedele e quella escatologica. Per dirla con le parole di G. Zevini:

> Di fatto, nel testo biblico, che è già una lettura dell'evento in contesto ecclesiale, abbiamo il senso allegorico, che è il testo kerigmatizzato; abbiamo il senso tropologico-morale, con le varie indicazioni di tipo parenetico, e abbiamo il senso anagogico, che è la prospettiva escatologica[7].

---

[7] G. ZEVINI, «La lettura della Bibbia nello Spirito», 150.

APPENDICE 3

IL SALTERIO, UN'ISPIRAZIONE PER PREGARE[8]

Il Salterio ci presenta la preghiera d'Israele con le sue note essenziali: disinibita, volontaria, fiduciosa, candida, sincera. Da esso impariamo su Israele più che nel resto della Bibbia e, in concreto, sulla sua vita spirituale e i suoi atteggiamenti religiosi. Con il Salterio sentiamo più vicinanza, cordialità e simpatia che con il resto della Bibbia, semplicemente perché *è poesia* e, in quanto tale, parla un linguaggio universale. Nelle sue pagine sentiamo vibrare Israele, con le sue speranze, sofferenze, aspirazioni. Non per niente è l'unico libro di preghiere che lo Spirito Santo ha ispirato.

Sant'Agostino era solito dire: «*Psalterium meum, gaudium meum*» (*Esposizione sui Salmi* 137,3). Delle trecento citazioni dell'Antico Testamento, cento nel Nuovo sono dei salmi. «È la lira che canta Cristo» (Girolamo, *Lettera 53*, a Paolino). E il Concilio Vaticano II: «è la voce della sposa (la Chiesa) che parla al suo Sposo» (*Sacrosanctum Concilium* 84).

Per apprezzare e gustare i salmi nel nostro presente culturale e umano, nella nostra poesia e nella nostra esistenza orante, dovremmo indagare sulla loro origine semitica.

In realtà, il Salterio è il respiro poetico e orante di almeno un millennio della storia letteraria di Israele: dagli arcaici carmi a matrice linguistica venata da forme cananee (per esempio, i Sal 18 e 29) si giunge sino a composizioni tipiche della spiritualità dei *ḥasîdîm* maccabaici (Sal 149); da formule ufficiali per il culto si passa a poemi di forte ispirazione per-

---

[8] Poiché la preghiera cristiana – e quindi la preghiera nel corso dell'esperienza ignaziana degli Esercizi Spirituali –, ricorre così frequentemente ai Salmi, mi sembra opportuno inserire anche un'informazione di base su questo libro così ricco d'ispirazione.

sonale, pur nello sfondo costante della liturgia del tempio; da «forme» letterarie diverse emergono differenti *Sitz im Leben* e quindi generi letterari, temi, finalità molteplici[9].

Al Pentateuco storico delle azioni salvifiche di Dio (la *Tôrâ*) si giustapponeva il *Pentateuco orante* del Salterio[10], risposta di benedizione dell'uomo al Dio liberatore. I salmi non nascono in un isolamento culturale; suppongono connessioni con i tre poli della cultura dell'Antico Oriente: Babilonia, con le sue lamentazioni e inni di lode; Egitto, che esercitò un certo influsso sui Sal 2, 33, 34, 104 e 110; Canaan, rappresentato soprattutto da Ugarit, importante per decifrare i testi più arcaici, specialmente i punti più oscuri e manipolati del Salterio.

Sebbene si possa vedere un contesto vasto e vago, il più specifico è quello cultuale. Ovviamente non si esclude quello privato o personale. Sono chiare le allusioni a feste, processioni, sacrifici, oracoli, veglie notturne, benedizioni, funzioni sacerdotali, strutture cultuali del tempio.

Le composizioni del Salterio sono preghiere liriche. Il loro messaggio ha come veicolo la poesia semitica. Perciò, per entrare in sintonia con i salmi, bisogna aprirsi all'intuizione libera e al rigore della poesia, elemento costante dell'umanità, esperienza affine a quella della fede. Per penetrare nei segreti del testo poetico dei salmi è necessaria una familiarità amorosa con esso.

Nelle composizioni del Salterio troviamo un *ritmo interiore*, che è quello del «parallelismo», legge prediletta della poetica semitica. Si tratta dell'esplorazione di un'idea o di un'immagine in tutte le sue virtualità e dimensioni. Il mondo letterario dei salmi è «il giardino dei simboli e dell'immaginazione» (T.E. Elliot), in cui è inutile cercare un ordine alla maniera occidentale. La gnoseologia biblica è una «conoscenza» simbolico-poetica, una «conoscenza-esperienza saporosa, affettiva e operativa» (Maritain). Bisogna tenere conto della libertà del

---

[9] G. Ravasi, «Salmi», 1399.
[10] Il giudaismo organizzò la raccolta dei salmi in un «pentateuco», caratterizzato da dossologie finali (41,14; 72,19; 89,52; 106,48; 150,6): I Libro: Sal 1–41; II Libro: Sal 42–72; III Libro: Sal 73–89; IV Libro: Sal 90–106; V Libro: Sal 107–150.

ragionamento semitico; dell'importanza del mito e del simbolo (P. Ricoeur, M. Eliade); della possibilità di una fertile applicazione delle nuove scienze linguistiche (per esempio, lo strutturalismo).

La simbologia teologica si avvale dell'antropomorfismo. Troviamo così la descrizione dell'*organismo* di Dio (volto, naso, labbra, braccio, mano, occhio...) nonché della sua *psicologia* (gioia, ira, vendetta, indignazione, pentimento, amore, tristezza...). Dallo schema militare sono prese altre descrizioni di Dio, come scudo, roccia, fortezza, baluardo, cittadella... Ugualmente, per descrivere l'uomo si utilizzano spesso immagini di animali: il cervo che si lamenta (42,2), la rondine e il suo amore per il nido (84,4), il gregge (23), l'aquila (103,5)... Un'altra area simbolica è quella cosmologica. La natura è contemplata come un insieme simbolico della perfezione divina.

Per le sue caratteristiche orientali di emotività pittoresca e traboccante, di sensibilità viva, retorica verbale, efficacia della parola, l'uso del superlativo, il salmista utilizza spesso i simboli e la fraseologia iperbolico-impetratoria. Di solito i salmi sono classificati nel modo seguente:

1. *Inni.* Professioni di fede nella salvezza di Y<small>HWH</small> nella storia e nella creazione. Contemplazione libera e spontanea di Dio: 29; 8; 19; 150.
2. *Suppliche.* La preghiera biblica si colloca sotto il segno dominante del dolore e della lamentazione.
3. *Fiducia e ringraziamento.* La fiducia biblica riposa sul concetto di fede. Credere è basarsi su una roccia salda, costruire su roccia e non su sabbia, «sperare contro ogni speranza» (Rm 4,18). Tutto il Salterio ispira quest'atmosfera. I salmi di fiducia definiscono il rapporto del credente con Dio. Il *ringraziamento* è comunitario e personale. Si loda Dio per i suoi doni ricevuti. Il ringraziamento di solito è la conclusione della supplica. Il clima di questi due tipi di salmi è la pace, la gioia, la speranza. A questi si possono unire le beatitudini o macarismi, sparsi in tutto il Salterio.
4. *Salmi liturgici.* L'insieme dei salmi divenne il fondamento della liturgia ebraica e cristiana. Il *Sitz im Leben* di molti salmi è cultuale. Altri salmi chiamati *di pellegrinaggio* esprimono la tensione che

hanno la liturgia e la preghiera rispetto al tempio e a Sion, luoghi della presenza spaziale e storica del Dio dell'alleanza.
5. *Salmi sapienziali.*
6. *Salmi regali.* La salmodia monarchica era un elemento fondamentale della letteratura orientale di corte.

Teologia dei salmi. I salmi sono, soprattutto, una riflessione implicita sull'incontro con Dio. Celebrano un rapporto, un *ḥesed* (termine che appare un centinaio di volte, e che scandisce, nello stile dell'antifona, il ritmo del grande Hallel, Sal 136), espresso in un'area semantica ricca e personalista (amore, fedeltà, fiducia, intimità).

Tra Dio e l'uomo s'introduce un elemento negativo, il *male-nemico*, che attenta alla loro relazione (tra l'uomo e Dio) e che cerca di distruggerla alla radice. Due segni teologicamente importanti esprimono la crisi del rapporto Dio-uomo: il silenzio di Dio e il peccato dell'uomo. Il Salterio ha uno *spazio mistico*, che si organizza in una serie di cerchi concentrici: quello della città santa; il popolo dell'elezione e dell'alleanza con la sua storia; quello della creazione. Il Salterio divenne *il libro per eccellenza della preghiera cristiana*, «summa et compendium» di tutto il messaggio biblico (Bellarmino).

SIGLE E ABBREVIAZIONI

DV	*Dei Verbum*
Cons	Costituzioni (della Compagnia di Gesù)
EE	Ejercicios Espirituales (Esercizi Spirituali)
GetS	*Gaudium et Spes*
HS	Historia Salutis
MHSI	Monumenta Historica Societatis Iesu
Mon Nadal	Monumenta Nadal
Par	Paralleli
PL	Patrologia Latina
SC	*Sacrosantum Concilium*
SE	Sagrada Escritura (Sacra Scrittura)
Str.-Bill	Strack-Billerbeek
Ap	Apocalisse
At	Atti degli Apostoli
Col	Colossesi
1-2Cor	1-2 Corinzi
Dt	Deuteronomio
Eb	Ebrei
Ef	Efesini
Es	Esodo
Fil	Filippesi
Gal	Galati
Gc	Giacomo
Ger	Geremia
Gn	Genesi
Gv	Giovanni
1Gv	1 Giovanni
Is	Isaia
Lc	Luca

La Parola nel dinamismo ignaziano

Mc	Marco
Mic	Michea
Mt	Matteo
Ne	Neemia
Os	Osea
Pro	Proverbi
2Pt	2 Pietro
Rm	Romani
Sal	Salmi
1Sam	1 Samuele
Sap	Sapienza
Sir	Siracide
1-2Tm	1-2 Timoteo
1Ts	1 Tessalonicesi
Zac	Zaccaria

BIBLIOGRAFIA

AA.VV., *Bibbia, Teologia ed Esercizi. III Corso Internazionale per Direttori (Roma, 1971)*, Roma 1972.

ALFARO, J., «Teología de los misterios de la vida de Cristo», in *Ejercicios Espirituales. Unidad vital*. Congreso Ignaciano, Loyola, Sept. 1974, Bilbao 1975.

ALONSO SCHÖKEL, L., «La Palabra de Dios en la "Dei Verbum": Consecuencias para los Ejercicios», in C. ESPINOSA, (ed.), *Cursus Internationalis Exercitiorum Spiritualium in hodierna luce Ecclesiae*, I, Roma 1968.

―――――, «La "Historia" como revelación al ejercitante para encontrar a Dios», in C. ESPINOSA, (ed.), *Cursus Internationalis Exercitiorum Spiritualium in hodierna luce Ecllesiae*, I, Roma 1968.

―――――, «El "Principio y Fundamento" de san Ignacio a la luz de la Biblia», in ID., *Hermenéutica de la Palabra. III. Interpretación teológica de textos bíblicos*, Bilbao 1991.

ARRUPE, P., «Attualità degli Esercizi Ignaziani», Conferenza ai participanti al Corso sugli Esercizi, 1972, Roma, in *Gli Esercizi Ignaziani per il cristiano di oggi*.

BALTHASAR, H.U. VON, *Triple couronne. La salutdu monde dans la prière mariale*, Paris 1978.

BARBAGLIO, G., *La teologia di Paolo*, Bologna 2001.

BARSOTTI, D., *La Parola e lo Spirito. Saggio sull'esegesi spirituale*, Milano 1971.

BERNARD, CH., *Pour mieux donner les Exercises Ignatiennes*, Roma 1980.

BEUTLER, J., «Die Rolle der Heiligen Schrift im geistlichen Werden des Ignatius», in M. SIEVERNICH – G. SWITEK, (ed.), *Ignatianisch. Eigenart und Methode der Gesellschaft Jesu*, Freiburg 1990^2, 42-53.

BROWN, R.E., *Introduzione al Nuovo Testamento*, Brescia 2011^4.

CALVERAS, I. – DALMASES, C. (ed.), *Exercitia Spiritualia. Textus antiquissimi*, Monumenta Historica Societatis Iesu 100, Romae 1969.

CHAPELLE, A. et alii, *Les Exercises Spirituels d'Ignace de Loyola. Un commentaire littéral et théologique*, Bruxelles 1990.

COSTA, M., «La Parola di Dio negli Esercizi Spirituali», in AA.VV., *Bibbia, Teologia ed Esercizi. III Corso Internazionale per Direttori (Roma, 1971)*, Roma 1972.

CUSSON, G., *Antropologia Biblica ed Esercizi Spirituali*, Appunti di Spiritualità 38, Napoli 1994.

———, *Pédagogie de l'expérience spirituelle personnelle*, Bruge – Paris 1976.

DANIÉLOU, J., *Les Évangiles de l'Enfance*, Paris 1967.

DE LUBAC, H., *Esegesi medievale. Scrittura ed Eucaristia. I quattro sensi della Scrittura*, 4 voll., Milano 1997-2006.

EGGER, W., *Metodologia del Nuovo Testamento. Introduzione allo studio scientifico del Nuovo Testamento*, Bologna 2000.

ESPINOSA, C., (ed.), *Cursus Internationalis Exercitiorum Spiritualium in hodierna luce Ecclesiae*, I, Roma 1968.

———, *Los Ejercicios de san Ignacio a la luz del Vaticano II*, Madrid 1968.

FLICK, M., – ALSZEGHY Z., «Lo stato di peccato originale», *Gregorianum* 38 (1957) 308ss.

GARCÍA MATEO, R., *El Misterio de la Vida de Cristo*, Madrid 2002.

———, *Ignacio de Loyola. Su espiritualidad y su mundo cultural*, Bilbao 2000.

———, «Genesi spirituale e testuale degli Esercizi», in H. ALPHONSO, (ed.), *Esercizi Spirituali – Testi Complementari*, Roma 1998, 65-126.

HAAS, A., *Commento sulle annotazioni agli Esercizi Spirituali*, Roma 1976.

HESCHEL, A., *L'uomo non è solo. Una filosofia della religione*, Milano 1970.

HUMMELAUER, F. VON, *Points for the Meditations and Contemplations of St. Ignatius of Loyola*, Westminster 1955.

KOLVENBACH, P.H., *La Pascua de Nuestra Señora*, Roma 1988.

LAPLACE, J., *Ejercicios de 30 días*, Presentazione di Gabriel Ochoa, México, D.F., 1969.

———, *Diez días de Ejercicios. Guía para una experiencia de la vida en el Espíritu*, Santander 1987.

LÉON-DUFOUR, X., *Vocabulario de Teología Bíblica*, Barcelona 1976.

LOHFINK, G., *Ora capisco la Bibbia. Studio sulle forme letterarie della Bibbia*, Bologna 1981.

LUDOLFO DI SASSONIA, *Vita Iesu Christi e quattuor Evangeliis et scriptoribus orthodoxis concinnata*, 1472.

LYONNET, S., «Le Péché», in *Supplément du Dictionnaire de la Bible* VII, 1964, 481-567.

—————, «Los Ejercicios Espirituales y san Pablo»

—————, «Presentazione biblica della contemplazione del Regno», in AA.Vv., *Bibbia, Teologia ed Esercizi. III Corso Internazionale per Direttori (Roma, 1971)*, Roma 1972.

—————, «Presentazione biblica della contemplazione dei due Vesilli», in AA.Vv., *Bibbia, Teologia ed Esercizi. III Corso Internazionale per Direttori (Roma, 1971)*, Roma 1972.

MACKENZIE, R.A.F., *Introduction to the New Testament*, Collegeville (MN) 1965.

MARTINI, C.M., «I Misteri dell'Infanzia di Gesù», in AA.Vv., *Bibbia, Teologia ed Esercizi. III Corso Internazionale per Direttori (Roma, 1971)*, Roma 1972.

—————, «Gli Esercizi Spirituali e i Vangeli Sinottici», in *Gli Esercizi Ignaziani e la Bibbia*, Roma 1983.

—————, «La Parola di Dio e gli Esercizi Spirituali», in *Gli Esercizi Ignaziani e la Bibbia*, Roma 1983.

—————, «Esercizi Spirituali e Storia della Salvezza», in *Gli Esercizi Ignaziani per il cristiano di oggi. IV Corso Internazionale per Direttori*, Roma 1972.

MOLLAT, D., «Uso de la Sagrada Escritura en los Ejercicios según la Exégesis Moderna», in C. ESPINOSA (ed.), *Los Ejercicios de san Ignacio a la luz del Vaticano II*, Madrid 1968.

—————, «Presenza di Gesù Risuscitato», in AA.Vv., *Bibbia, Teologia ed Esercizi. III Corso Internazionale per Direttori (Roma, 1971)*, Roma 1972, 206-213.

—————, «El Cuarto Evangelio y los Ejercicios de san Ignacio», in *Recherches Ignatiennes I-II*, 1974-1975.

—————, «El conocimiento interno del Señor», in C. ESPINOSA, *Cursus Internationalis Exercitiorum Spiritualium in hodierna luce Ecllesiae*, I, Roma 1968.

NADAL, P.H., *Orationis Observationes*, Roma 1964.
PIRES, W., «L'uso della Sacra Scrittura negli Esercizi», in *ITAICI, Revista de Espiritualidade Inaciana* (1998) 3-27.
PONTIFICIA COMMISSIONE BIBLICA, *L'interpretazione della Bibbia nella Chiesa*, Città del Vaticano 1993.
RAVASI, G., «Salmi», in P. ROSSANO – G. RAVASI – A. GHIRLANDA (ed.), *Nuovo Dizionario di Teologia Biblica*, Cinisello Balsamo 1988, 1399-1412.
ROSSI DE GASPERIS, F., «Ejercicios Espirituales para entrar en el itinerario de la fe bíblica», in *El Ministerio de los Ejercicios en la Compañía hoy. Resultados de una encuesta*, Roma 1984, 69-99.
SICRE, J.L., «Entender y exponer un texto. En busca de recursos», *Sal Terrae* (2000) 604-613.
SOLTERO, C., «Regno e due Vessilli in Matteo e Marco», in AA.VV., *Pregare con Ignazio*, Roma 1991.
STANLEY, D., *A Modern Scriptural Approach to the Spiritual Exercises*, Chicago 1967.
SUAREZ, F., *De mysteriis vitae Christi*, disp. 49, sect. I, n. 2; Opera XIX, 876.
ZEVINI, G., «La lettura della Bibbia nello Spirito. Bibbia, Spiritualità e Vita», in ID. (ed.), *Incontro con la Bibbia: leggere, pregare, annunciare. Convegno di aggiornamento, Facoltà di Teologia della Università Pontificia Salesiana, Roma, 2-5 gennaio 1978*, Roma 1978.

INDICE DEGLI AUTORI

AGOSTINO, SANTO: 135
ALFARO, J.: 95, 141
ALONSO SCHÖKEL, L.: 15, 21, 44, 45, 58, 59, 141
ALSZEGHY, Z.: 52, 142
ARRUPE, P.: 123, 141

BALTHASAR, H.U. VON: 119-120, 141
BARBAGLIO, G.: 125-126, 141
BARSOTTI, D.: 131, 141
BELLARMINO, R.: 138
BERNARD, CH.: 29, 141
BEUTLER, J.: 16, 141
BILLERBECK, P.: 76
BLANCO, J.: 9
BOVATI, P.: 29
BREEMEN, P. VAN: 29
BROWN, R.B.: 17, 141

CALVERAS, I.: 33, 142
CHAPELLE, A.: 64, 142
CONGAR, I.: 120
COSTA, M.: 17, 142
CUSSON, G.: 13, 29, 47, 121, 142

DALMASES, C.: 33, 142
DANIÉLOU, J.: 77, 78, 80, 142

DEL VALLE, E. MA.: 9
DE LUBAC, H.: 22, 142
DIONIGI, IL PICCOLO: 74
FOSCARARI, E.: 27
EGGER, W.: 128, 142
ELIADE, E.: 137
ELIZONDO, M.: 9

ELLIOT, T.E.: 136
ESPINOSA, C.: 27, 28, 40, 142
FLICK, M.: 52, 142

FRANCESCO D'ASSISI, SAN: 59
FRANCESCO XAVERIO, SAN: 88

GADAMER, H.-G.: 128
GARCIADIEGO, A.: 9
GARCÍA MATEO, R.: 12, 14, 15, 19, 32, 60, 96, 115, 142
GIOVANNI I, PAPA: 74
GIROLAMO: 135

HAAS, A.: 73, 142
HELYAR, J.: 32
HESCHEL, A.: 24, 142
HUMMELAUER, F. VON: 61, 62, 142

INNOCENZO III, PAPA: 120

JACOPO DA VARAZZE: 16, 88

KOLVENBACH, P.H.: 120, 142

LAPLACE, J.: 29, 120-121, 142
LÉON-DUFOUR, X.: 40, 142
LOHFINK, G.: 128, 143
LUDOLFO DI SASSONIA: 14, 15, 43, 61, 143
LYONNET, S.: 35, 50, 52, 86, 88, 143

MACKENZIE, R.A.F.: 104, 143
MARITAIN, J.: 136
MARTINI, C.M.: 11, 29-30, 54, 72, 73, 77, 143
MOLLAT, D.: 21, 41, 42, 81, 100, 101, 102, 103, 110, 143
MONTESINOS, FRA AMBROSIO: 14

NADAL, P.H.: 13, 21, 58, 81, 144

OCHOA, G.: 9
OCHOA GÓMEZ, G.: 29
OROZCO, D.: 9
ORTIZ, P.: 13

PAOLO III, PAPA: 27
PIO XII, PAPA: 22
PIRES, C.W.: 19, 92, 133, 144

RAVASI, G.: 135-136, 144
RICOEUR, P.: 137
ROSSI DE GASPERIS, F.: 28, 29-31, 85, 144

SICRE, J.L.: 17, 144
SOLTERO, C.: 85, 86, 91, 144
STANLEY, D.: 47, 57, 99, 110, 112, 114, 144
STRACK, H.L.: 76
SUAREZ, F.: 119, 144

TOMMASO, SAN: 53
TOMMASO DA KEMPIS: 14, 60

WESCOTT, B.F.: 100

ZEVINI, G.: 22, 132-134, 144

INDICE

Prologo 7

I. Alcune indicazioni fondamentali 11
   1. La Scrittura, norma dell'esperienza religiosa 22
   2. L'antropologia biblica 23

II. Relazione tra la Bibbia e gli Esercizi in generale 27

III. La conoscenza interiore del Signore 39

IV. Principio e fondamento. Dimensione scritturistica ... 43

V. Prima Settimana 49
   1. I vangeli sinottici 49
   2. Gli scritti giovannei 50
   3. Le lettere paoline 51

VI. Seconda Settimana 57

VII. Contemplazione dell'incarnazione 67
   1. I racconti dell'infanzia 68
   2. La buona notizia di Natale 73

VIII. Gli Esercizi centrali 85
   1. La contemplazione del Regno 85
   2. La meditazione delle due bandiere 88

    3. Relazione con il vangelo di Marco 90
    4. La trasfigurazione 92

IX. TERZA SETTIMANA 95

    1. Il quarto vangelo e gli Esercizi Spirituali 99
    1.1. *Il vocabolario* 99
    1.2. *La formula cercare e trovare* 100
    1.3. *L'importanza data alla decisione per Cristo* 101
    1.4. *Dualismo giovanneo e dualismo ignaziano* 102
    2. La passione secondo san Giovanni 103

X. QUARTA SETTIMANA 107

    1. Le contemplazioni della Quarta Settimana 109
    2. La contemplazione per raggiungere l'amore 114

XI. MARIA NEGLI ESERCIZI SPIRITUALI DI SANT'IGNAZIO 117

CONCLUSIONE 123

APPENDICE 1 – SULLA TEOLOGIA PAOLINA 125
APPENDICE 2 – ELEMENTI DI ERMENEUTICA BIBLICA 128
APPENDICE 3 – IL SALTERIO, UN'ISPIRAZIONE PER PREGARE 135

SIGLE E ABBREVIAZIONI 139

BIBLIOGRAFIA 141

INDICE DEGLI AUTORI 145

INDICE GENERALE 147

 Spiritualità

1   WITWER Toni

I Carismi nella Chiesa e la grazia della vocazione
2012 • pp. 208
ISBN 978-88-7839-238-0

Ogni sapere della verità rimarrebbe vuoto e senza vita, se non si collegasse con la convinzione personale. Ogni sapere rimarrebbe vuoto e vano, se non diventasse convinzione! Il sapere teologico deve *imprimersi* nella vita ed *esprimersi* nell'atteggiamento verso il mondo e verso il prossimo.L'intento principale di questo studio non è tanto dare un'abbondanza di informazioni nuove, ma piuttosto aiutare a capire in modo più profondo che cosa significhino «i carismi nella Chiesa e la grazia della vocazione» e sensibilizzare al mistero di Dio e della sua presenza tra di noi. La fede non è il risultato della sola riflessione teologica, ma è piuttosto il frutto del pregare insieme alla Chiesa; lo scopo della riflessione teologica è l'approfondimento della fede già vissuta e la sua correzione qualora ci si allontanasse dal Credo della Chiesa.

Toni Witwer, SJ, nato a Thüringen/Vorarlberg (Austria) nel 1948, ordinato sacerdote nel 1975, è entrato nel 1976 nella Compagnia di Gesù. Ha conseguito la licenza e il dottorato in Spiritualità presso la Pontificia Università Gregoriana e lavorato in particolare come padre spirituale.Dal 1998 è nella Curia Generalizia, prima come Segretario Regionale e dal 2008 come Postulatore Generale, e allo stesso tempo insegna all'Istituto di Spiritualità della Pontificia Università Gregoriana.

www.gbpress.net

Spiritualità

2   PIERI Fabrizio

Giobbe e il suo Dio

2013 • pp. 80
ISBN 978-88-7839-243-4

L'incontro-scontro con il Semplicemente Altro. Attraverso uno studio di esegesi spirituale, il libro accompagna il lettore a focalizzare il rapporto Giobbe-Dio, che, pian piano, si trasforma in un più corretto rapporto Dio-Giobbe. «Questo Giobbe fa: si lancia nell'"impossibile" umano verso un futuro, che sembra enigmatico, e in questo sforzo di tutta la sua persona incontra il volto vero del suo Dio, che lo invita a discernere ogni cosa eleggendo e scegliendo il linguaggio del più, del meglio, dell'amore."Ti conoscevo per sentito dire, ora i miei occhi ti hanno veduto"(42,5)».
Poi, nel libro l'esegesi spirituale cede il posto alla contemplazione, per tentare, nell'ultimo capitolo, il parallelo Giobbe-Cantico. La prima cosa che Giobbe chiede a Dio è quella di incarnare il Cantico dei Cantici. La prima cosa che il Cantico dice al Giobbe, che è ognuno di noi, è che il Dio amico è un Dio amante. Alla domanda sulla relazione tra Giobbe e il Cantico l'autore risponde: «Se si entra nel mistero profondo di questi due libri, si scopre che essi incarnano una ricerca del vero volto di Dio. Giobbe è una ricerca spasmodica della Giustizia di Dio, il Cantico una ricerca viscerale e continua dell'Amore».

Fabrizio Pieri, sacerdote diocesano, è nato a Roma nel 1962. Ha conseguito la Licenza in Teologia Biblica ed il Dottorato in Spiritualità presso l'Istituto di Spiritualità della Pontificia Università Gregoriana, dove insegna Spiritualità biblica dal 1998. Ha pubblicato nel 2002 Paolo e Ignazio. Testimoni e maestri del discernimento spirituale, Editrice Apostolato della Preghiera, Roma 2002, tradotto in spagnolo dalla Editorial Sal Terrae nel 2005. La parrocchia: un'esperienza spirituale di cristificazione. Itinerario biblico-contemplativo, Editoriale Paoline Libri, Milano 2007. L'itinerario di cristificazione di Paolo di Tarso. Caratteristiche di una esperienza di Dio, Gregorian&Biblical Press, Roma 2010. Oltre all'insegnamento ed alla ricerca svolge il ministero della predicazione di corsi di Esercizi Spirituali e di accompagnamento e direzione spirituale.

www.gbpress.net

 Spiritualità

3   ROTSAERT Mark

**Il discernimento spirituale
nei testi di Ignazio di Loyola**
2012 • pp. 160
ISBN 978-88-7839-245-8

Questo libro intende aiutare il lettore a leggere attivamente i testi di Sant'Ignazio di Loyola. Leggere i testi di un autore è del resto il modo migliore per conoscerlo. Ignazio è vissuto nel Cinquecento, ciò significa che non sempre i suoi scritti sono facili da comprendere per un lettore del terzo millennio. L'aiuto di uno specialista non è un lusso, ma al contrario un valido e fertile accompagnamento. Il racconto di un pellegrino, gli Esercizi spirituali, La Deliberazione dei primi padri, le Costituzioni della Compagnia di Gesù, il Diario spirituale, alcune Lettere: il filo rosso di tutti questi testi qui presentati è il discernimento spirituale. In esso Ignazio aveva una grande esperienza e su di esso ha scritto alcune regole che sono, in certo senso, una vera e propria "formalizzazione" della sua esperienza. Ogni testo è accompagnato da alcune informazioni storiche circa la sua genesi e da un commentario come guida alla lettura. Al lettore attento che si avventurerà in questi testi apparirà a poco a poco una nuova immagine di Ignazio: più complessa, più vera, più sfumata.

Mark Rotsaert, SJ (1941, Belgio) è docente incaricato nell'Istituto di Spiritualità e nel Centro per la formazione dei formatori al sacerdozio presso la Pontificia Università Gregoriana. E' inoltre, sempre presso la PUG, direttore del Centro di Spiritualità Ignaziana. Prima di essere nel 2011 nominato Superiore della Comunità della Pontificia Università Gregoriana, è stato maestro di novizi della provincia del Belgio del Nord, direttore di un centro di spiritualità, due volte Provinciale nella sua provincia e Presidente della Conferenza dei Provinciali Gesuiti di Europa.

www.gbpress.net

Spiritualità

4   Rossi Lanfranco

I Padri del monachesimo

Prospettiva di teologia spirituale
2013 • pp. 112
ISBN 978-88-7839-251-9

Ricevere il battesimo spesso è concepito dai cristiani come il semplice inserirsi in una tradizione religiosa ereditata dalle generazioni precedenti. E il Vangelo viene letto come un testo ricco di insegnamenti edificanti ma ordinariamente poco attuabili. I Padri del monachesimo antico, reagendo fin da allora a uno stile di vita mediocre che si generalizzava, cercavano di vivere in maniera piena il Vangelo. Questo perché il battesimo impegna ad avere una condotta che segua il più possibile il modello del Signore. Dei principali tra loro si dà un breve ritratto, mostrandone i pregi e le difficoltà che hanno dovuto superare per cercare di realizzare questo ideale.

Lanfranco Rossi (Thiene 1955) è membro dell'Associazione "I Ricostruttori nella preghiera" e sacerdote nella diocesi di La Spezia. Dopo gli studi in Lettere e filosofia all'Università di Padova, è entrato nell'Associazione "I Ricostruttori nella preghiera". Ha completato gli studi di teologia presso la Facoltà di Torino. E' stato ordinato sacerdote nella diocesi di La Spezia nel 1989. Ha conseguito il dottorato al Pontificio Istituto Orientale di Roma sotto la guida del prof. Card. Tomàs Spidlik con una tesi dal titolo I filosofi greci padri dell'esicasmo, che costituisce la sua principale pubblicazione. Insegna spiritualità dei Padri della Chiesa presso l'Istituto di Spiritualità della Pontificia Università Gregoriana, tiene anche corsi sulla teologia bizantina alla PUG e al PIO.

www.gbpress.net

ALPHONSO Herbert

La vocazione personale
Trasformazione in profondità per mezzo degli esercizi spirituali
2014 • pp. 52
ISBN 978-88-7652-949-8

La vocazione personale non si trova a livello di un fare né di una "funzione", ma a livello dell'essere. Tante persone interpretano la parola "vocazione" in termini di puro agire o di puro fare. Il livello dell'agire o del fare, prima o poi, è destinato ad entrare in crisi. Se mi trovo in crisi e non possiedo alcuna risorsa "dell'essere" per sostenermi, allora mi troverò in una crisi totale. Se in una crisi del genere posso trovare sostegno nelle mie risorse dell'essere – così unicamente date a me, in dono, con la mia "vocazione personale" – allora non ho da temere: posso non solo superare la crisi ma "integrarla" grazie al "senso" profondamente personale a livello dell'essere che posso trovare nella crisi stessa. Perché tutto l'agire sgorga dall'essere. Faremo bene dunque a ricordarci che la "vocazione personale" è il modo irrepetibilmente unico per un individuo di donarsi e arrendersi – e non di chiudersi in se stesso. In altre parole la "vocazione personale" è precisamente il modo unico e irripetibile di aprirsi alla comunità – aprirsi alle realtà sociali, alle responsabilità sociali, agli impegni sociali.

Herbert Alphonso, SJ (1930-2012) padre gesuita è stato direttore del Centro Ignaziano di Spiritualità (CIS) in Roma e dal 1993 al 1999 è stato direttore dell'Istituto di Spiritualità presso la Pontificia Università Gregoriana nonché professore di Teologia Spirituale e di Spiritualità Ignaziana presso lo stesso istituto.

ZAS FRIZ DE COL Rossano

La presenza trasformante del mistero

Prospettiva di teologia spirituale

2015 • pp. 208

ISBN 978-88-7839-303-5 (in uscita)

Il libro offre una prospettiva della teologia spirituale che raccoglie la ricerca recente in sintonia con i segni dei nostri tempi: l'indifferenza religiosa e allo stesso tempo, un sentito, anche se diffuso, 'bisogno di spiritualità'. Sono segni che bisogna raccogliere e reinterpretare alla luce di un nuovo linguaggio. Con questo presupposto, la prospettiva che si presenta è articolata intorno a 5 nozioni: presenza, mistero, trascendenza, vissuto e trasformazione. In effetti, la presenza del Mistero, nel vissuto quotidiano della trascendenza, può portare a una effettiva trasformazione interiore. Questa frase sintetizza la prospettiva sviluppata nei cinque capitoli. Nel primo si approfondisce il rapporto tra le cinque nozioni menzionate, mentre nel secondo si cerca, nello sviluppo della teologia spirituale durante il post-concilio Vaticano II, un accordo 'minimo' tra gli specialisti centrato sul vissuto della trasformazione. In questo modo si apre la via al terzo capitolo che pone in dialogo il risultato dei primi due capitoli con le discipline teologiche e umanistiche. Il quarto spiega un metodo di analisi sincronico e diacronico del vissuto della Presenza del Mistero, mentre il quinto e ultimo capitolo stila un'iniziazione a tale vissuto.

Rossano Zas Friz De Col è docente di teologia spirituale alla Pontificia Università Gregoriana di Roma. Ha collaborato nella edizione del Diccionario di Espiritualidad Ignaciana (Mensajero-Sal Terrae, 2007) e ha pubblicato: Teologia della Vita Cristiana. Contemplazione, vissuto teologale e trasformazione interiore (San Paolo, 2010); Il presbitero religioso nella Chiesa. Saggio storico-teologico d'interpretazione (EDB, 2010); Iniziazione alla vita eterna. Respirare, trascendere e vivere (San Paolo, 2012). Inoltre è fondatore e direttore delle riviste di ricerca: Ignaziana (www.ignaziana.org) e Mysterion (www.mysterion.it).

www.gbpress.net

Finito di stampare nel mese di gennaio 2015
presso Mediagraf Spa - Noventa Padovana (PD)